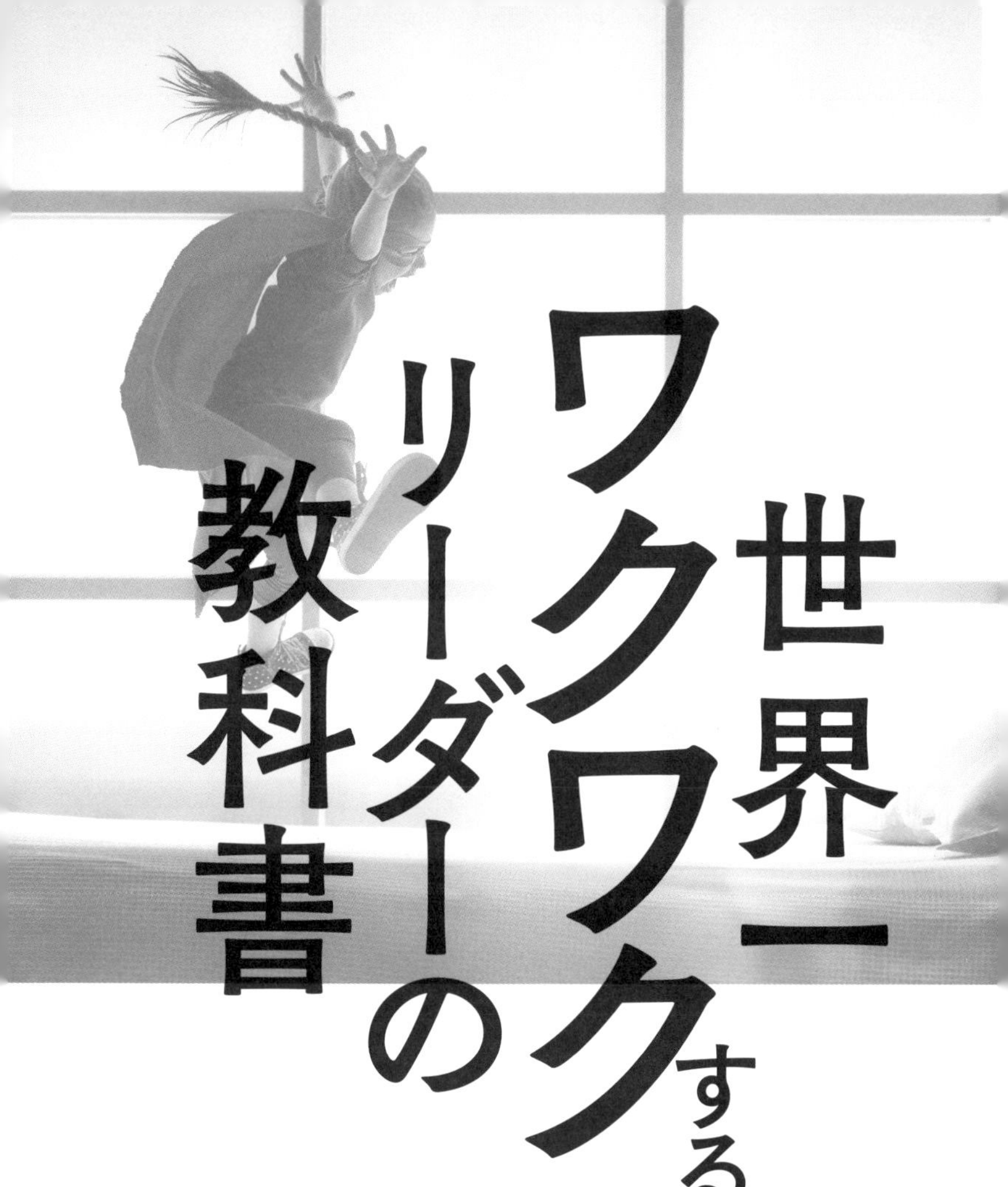

# 世界一ワクワクするリーダーの教科書

Oshima Keisuke
大嶋 啓介

きずな出版

はじめに――

# 究極のリーダーになる
# たった1つの条件とは？

「どうすれば、人が輝くチームがつくれるのか」

「どうすれば、最高の結果を出せるチームがつくれるのか」

こんな悩みを抱えているリーダーは、多いと思います。


いま、多くの学びは「やり方」に焦点が当たっています。

**しかし、僕たちの人生において重要なことは「やり方」ではありません。**

**「あり方」です。**

**そう、大切なことは「生《い》き様《ざま》」なのです。**

チームづくりにおいて、リーダーが「どんな心で」「どんな姿勢で」「どんなあり方で」仲間と接しているのか。それこそが、もっとも大切なことです。

リーダーの「あり方」が、チームをつくっています。

リーダーの「あり方」が、人財を育てていきます。

リーダーの「あり方」が変化するとき、チームは劇的に変わります。


さて、質問です。

**「あなたは、いま人生にワクワクしていますか？」**

**「いま、何％くらいワクワクしていますか？」**


「ワクワクなんかしていない」「3％くらいしかワクワクしていない」……だとしたら、あなたは伸びしろが半端ないです。

なぜなら、リーダーに限らず〝ワクワクしている〟というのは、じつはものすごく大切なことだからです。

「リーダーのあり方で、もっとも大切なことは何？」と聞かれたら、僕は間髪いれずに、

**「ワクワクしていること」**

と答えます。

「ワクワクで成功できるのか？」と聞かれたら、

**「ワクワクでしか成功は続かない」**

と即答します。

**究極のリーダーになるたった1つの条件とは、「ワクワクすること」なのです。**

僕のまわりの大成功されているリーダーは、みんな人生にも仕事にもワクワクしています。

脳科学の視点からメンタルトレーニングを指導してくださった西田文郎先生は、

**「成功する人には、成功する脳の状態がある。**

**成功する人は、ワクワクしているから潜在能力が引き出され、成功していく。**

**成功したからワクワクするのではない。**

**ワクワクしているから成功するのだ」**


と、言われています。

「成功したからワクワクするのではなく、ワクワクしているから成功する」

一般的には、良いことがあったから喜ぶ、良いことがないと喜ばない、嫌なことがあったから落ち込む……といったように〝結果が先で感情が後〟だと思われています。

でも、違ったのです。

成功されている方、究極のリーダーたちは逆だったのです。

「心がワクワクしているから成功する」

「心が喜んでいるから、夢が叶う」


**成功者や究極のリーダーたちは、〝感情が先で結果が後〟だったのです。**

「心が変われば行動が変わる。行動が変われば結果は変わる」という言葉があるように、心が変われば、結果が変わります。

**心×行動＝結果**
**どんな心で×何をするか＝結果（未来）**

僕を含め多くの人たちは、「何をするか」の「やり方」ばかりを重要視してしまいがちです。もちろん手段や方法といった「やり方」がまったく重要でないかと言ったら、そうではありません。しかし、どんな素晴らしい方法も、無理にやらされてやっていたり、ダラダラした心でやっていても、良い結果は出ないのです。

究極のリーダーたちは、この「どんな心で」の〝心のあり方〟を重要視し、意識を向けているのです。だから、結果も人生もどんどん良くなるのです。

よって、僕たちの最高の未来のつくり方は、

「**いまの心をワクワクさせること**」なんです。

## 究極のリーダーになるたった1つの条件は「ワクワクすること」だった！

**成功したからワクワクするのではなく…**

**ワクワクしているから成功する！**

あなたは、いま、リーダーの役割にワクワクしていますか？
あなたは、いま、志にワクワクしていますか？
あなたは、いま、夢や目標にワクワクしていますか？
あなたは、いま、仕事が楽しくてワクワクしていますか？
あなたは、いま、仲間の可能性にワクワクしていますか？
あなたは、いま、困難にワクワクしていますか？
あなたは、いま、誰かを喜ばせたくてワクワクしていますか？

リーダーにとってワクワクしていることは本当に重要で、逆に言えば、**リーダーにとって最大のリスクは、ワクワクしていないことにある**のです。

## 「人生は100年の夏休み」

この言葉は、僕が日本一大好きな作家ひすいこたろうさんの言葉です。
自分の人生を100年の夏休みだと思うと、ワクワクしてきませんか？

夏休みだったら「楽しもう！」となりますよね！

そう、僕たちの人生は、１００年の夏休みなんです。

この人生の夏休みを、あなたはどう過ごしたいですか？

同じくひすいさんの著書で『あした死ぬかもよ？』（ディスカヴァー・トゥエンティワン）
という、30万部を超える大ベストセラーがあります。
僕は、この本を読んで人生観が変わりました。
その本のなかに、このようなことが書いてあります。

アメリカのある地域では、90歳になるとアンケートがおこなわれるそうです。

**「90年間の人生を振り返って、もっとも後悔したことは何ですか？」**

この問いに対して、なんと9割の人がまったく同じ回答だったのです。

90歳のほとんどの人が後悔することって、何だと思いますか？

答えは、

## 「もっと冒険しておけばよかった……」

なのです。


衝撃を受けました。

自分は、どうなんだろう？

人生の終わりが近づいたとき、自分の人生を振り返って、やりきったと言えるのか？

もっとやっておけばよかったと、後悔しないのか？

このままの生き方を続けて、本当にいいのか？

目が覚める思いでした。

「もっと人生を楽しもう！」

それまで居酒屋「てっぺん」の経営を中心として生きてきたわけですが、この本がきっかけで、僕は生き方を変えることになります。

**「居酒屋の社長を辞め、学校をつくろう」**

本との出会いが、人生を変えるきっかけになりました。
僕も、あなたの人生がよりワクワクするきっかけになりたい。
そして、あなたの大切な仲間の人生もワクワクさせるきっかけになりたい。
この本は、そんな思いでつくらせていただきました。

僕は、これまでたくさんの魅力的なリーダーと出会い、学んできました。
今回のこの本の内容は、僕が考えたことではありません。魅力あふれる最高のリーダーから学んできたことを書かせていただきました。

**どうすれば、圧倒的に人が輝くチームがつくれるのか？**
**どうすれば、圧倒的に人が育ってしまうチームがつくれるのか？**
**どうすれば、圧倒的に最高の結果を出すチームがつくれるのか？**

職場もチームです。家庭もチームです。もちろん学校も部活もチームです。

この本はとくに、いまチームづくりで悩んでいる方やリーダーシップに悩んでいる方、また人財育成や子育てに悩んでいる方、そして、これからリーダーになっていく方に、読んでもらいたい。

**自分の人生は、自分がリーダー。**

**「株式会社自分」の代表は、あなたです。**

この本が、すべての人の人生をワクワクさせるきっかけになれば幸いです。

なぜ、リーダーにとってワクワクが大切なのか。

どうすれば、ワクワクできるのか。

さあ、それでは元気いっぱい書かせていただきます。

あ、その前に、ちょっと気合い入れますね。

**よっしゃあああああ!!!!!**

第1章
# すべてのリーダーへ捧ぐ！「楽しい」こそが最強説

第2章

# チーム全員が夢にワクワクしていると、圧倒的な成果しか出なくなる

第3章

# 部下の可能性を引き出す究極のリーダーになる方法

第終章
# 最高のリーダーは、困難にさえワクワクする

# 第1章

# すべてのリーダーへ捧ぐ！「楽しい」こそが最強説

# 人生を楽しむ者にだけ、奇跡は起こる

## 「困難に耐えるのではなく、困難を楽しむ」

究極のリーダーになるためのたった1つの条件を挙げるなら、「ワクワクすること」だと言いました。ワクワクとは、心が喜んでいる最上級の状態。心から喜びがわいてくる状態。

**つまり「ご機嫌でいる」「楽しむ」ということです。**

この章では、その「ワクワク」や「楽しい」がいかにすごい力があるかを、ご紹介していこうと思います。

「はじめに」にもご登場いただいた、ひすいこたろうさんから聞いた話。

ひすいさんと僕の共著『予祝ドリームノート』（フォレスト出版）にも書いた話ですが、この話は「いかに楽しむことが大切か」「いかに遊ぶことが大切か」を教えてくれるとても重要なものなので、最初にご紹介させていただきます。

## 「余命3か月です」

画家のはせくらみゆきさんの友人の女性が、病院でこう宣告されました。

命が限られていることを突き付けられた彼女が最終的に下した結論は、「人生を楽しもう！」ということでした。そこで彼女は人生を楽しむために、歌を始めます。

ベートーベンの「第九」を歌う合唱団に入りました。

抗ガン剤治療を受けながらも、喜びの歌である「第九」を歌い込むうちに、腫瘍マーカーが下がり始め、なんと、ついにはガンが消えてしまったというのです！

でも、その後……再発。彼女はもう一度、自分の人生に向き合い、出した結論は、やっぱり「楽しいことをしよう」でした。

彼女のガンは進行がすごく早いものだったそうで、最初にガンが消えたとき、お医者さんからは「奇跡」と言われました。

でも、彼女はこう思ってガンの再発と向き合っていたそう。

「奇跡は人生に数回しか起きないと言われるけど、そんなのつまらない」

そして、こう決めました。

「**奇跡はあっさり起きる。そして、私には嬉しい奇跡しか起きない**」

彼女には「海辺で暮らしたい」という夢がありました。そこで、海の近くに安いアパートを借りて、週末は海に潜り、海ライフを満喫したのです。

体調が優れないときも、「私には嬉しいことしか起きない」と言い聞かせました。

最初は糸のように細かったその思いが、水道管のような太さになり、ついには「**私は奇跡のなかに包まれている。あらゆるものが奇跡の表れだ**」とまで思えるようになり、世界が輝き出したのだとか。

**すると、なんとガンがまた消えてしまったというのです！**

奇跡は何度でも起きる。

ガンと向き合うなかで彼女は、気づいたことがあると言います。それは……

# 人生は遊ぶためにある！

ということでした。

「これまでいろんなことを努力してきた。でも、いままでの私に決定的に足りてないことがやっとわかった。それが遊ぶことだったんだ」

彼女は、あらためてこう気づいたそうです。

**「いままで、がんばることが正しいと思ってきた。でも、それよりももっと強烈なパワーがあるのは、楽しむってことだった」**

これが彼女の気づきです。誰に何と言われるかではなく、ちゃんと自分を楽しませてあげる。遊べば遊ぶほど元気になりました。こうして、もともと腫瘍マーカー90だったのが最終的に11まで下がり、ガンは再びきれいに消えて、彼女はいまも元気いっぱいです。

この話を聞いて、どう思いますか？

**「楽しめば楽しむほど、うまくいく」「遊べば遊ぶほど、うまくいく」**

それこそが夢の叶え方です。

人は末期ガンの最中だって、決心すれば人生を楽しむことはできるのです。

もともと「遊ぶ」という文字は、神さまが船に乗って仕事に行くことを表した象形文字だと言われています。「遊ぶ」は神さまにしか使わない動詞だったのです。

だから、遊ぶというのは本来すごく高尚なことなのです。遊ぶとは、自分の本心に耳を傾け、本心に素直に自分の意志で選んだことを、一心不乱にやり切ることです。

僕たちが人生から問われるもの。

**それは「何回、呼吸したか」ではなく「何回、腹の底から笑ったか」なのです。**

さあ、今日は何をして遊びましょうか？

ワーク！

「人生は100年の夏休み」と考えたなら、あなたは、この人生の夏休みをどんな夏休みにしたいですか？ワクワクする未来が叶ったかのように、書き込んでみましょう。

# 「楽しむこと」で全米優勝を果たした最高のチーム

## 「楽しむ実力があれば、世界中どこでも楽しい」

早速ですが、まずは前屈をして、どこまで自分の指が床につくか覚えておいてください。覚えたら、次は「最近、楽しかったこと」「嬉しかったこと」を思い浮かべて、ニコニコしてみてください。そして、その笑顔のままで同じように前屈をしてみてください。

これを講演会の会場でやると、9割くらいの方がその場で2~5センチくらい、あっという間に身体が柔らかくなります。

**何が言いたいかと言うと、僕たち人間は楽しんでいるときには余分な力が抜けているという**

**こと。楽しんでいるときに、人は最大限に力を発揮できるのです。**

暗記モノの学習は、お風呂でやると20％ほど記憶力がアップするのだそうです。
なぜそうなるのか？
血流が良くなるからです。
血流が良くなるだけで、瞬時に自分の能力が20％アップするのです。
では、最高に血流を良くする方法はなんだと思いますか？

**面白がること、楽しむこと、遊ぶことです。**

どんなことでも面白がり、楽しめるようになったら無敵です。
映画やドラマになった「チア☆ダン」のモデルであり、全米で7度も優勝されている福井商業高校のチアリーダー部「JETS」の話をご紹介します。

**JETSの3代目のチームは、顧問の五十嵐先生があきれるほどチーム状態がひどかった。**

日本一を決める全日本チアダンス選手権大会の2か月前なのに、仲間同士のケンカが絶えず、かなりギクシャクしていました。
「このチームでは日本一にはなれない。全米の大会にも出ることは無理だ」と、五十嵐先生が思ってしまうほど、チームは深刻な状態になっていました。

そこで五十嵐先生は半分開き直って、あることをしました。
すると、なんとそれがきっかけで、全日本選手権で初優勝。
さらに、全米でも優勝を果たしてしまったのです。
五十嵐先生が、開き直ってしたこと。
それは、

## 楽しむこと

でした。
全日本選手権の直前に、学園祭がありました。

五十嵐先生は、学園祭の発表会で、部員のみんなが踊りたいと思うダンスを踊らせてあげることにしました

「学園祭で、何を踊りたい？」

生徒たちはこう答えました。

「ＡＫＢ48！」

せめて学園祭は、おもいっきり好きなように踊らせてあげようと思ったそうです。

そして、部員たちは大好きなダンスをおもいっきり楽しんで踊りました。

結果、学園祭は大盛り上がり。みんなで楽しみきりました。

そしたらなんと……。

**その学園祭が終わってから、見違えるほどダンスが急成長していったのです。**

そして、全日本選手権では初優勝。

さらに、全米でも優勝という伝説をつくってしまったのです。

やはり楽しむって最強なんですね。遊ぶって最強なんですね。

あなたは、全力で楽しんでいますか？

# ピンチのときこそ面白がる！

太陽の神さま「天照大神《あまてらすおおみかみ》さま」の岩戸開《いわとびら》きのお話。

僕は、この神話が大好きです。

ピンチや困難で光が見えないときに、どうすれば光を取り戻すことができるかを、この日本の神話が教えてくれていると思うからです。

ご紹介しましょう。


太陽の神さま「天照大神さま」が、弟の「スサノオノミコト」と大ゲンカをして、天の岩戸に引きこもってしまい、世界が真っ暗闇になってしまった……。

大ピンチ……！

困ってしまった神さまたちは、どうにかして天照大神さまに出てきてもらおうと、あの手この手で岩の扉を開けようとした。

しかし、何をしても開かない。

大ピンチです。真っ暗闇。光が見えない……。

そんな大ピンチのときに、とある神さまが「あること」をやったら、なんと岩戸が開き、光が戻りました。

何をしたと思いますか？

なんと、

**踊ったのです……！**

「アメノウズメノミコト」という女性の神さまが、自分をさらけ出し、楽しそうに踊りました。

そうしたら、深刻になっていた八百万の神さまたちが笑顔になり、大盛り上がり。みんなでワイワイ踊って**お祭り**さわぎになったのです。

するとと、天照大神さまは、みんなが外でワイワイ楽しそうにしているのが気になり、自ら岩戸を開けました。そして、世界に光が戻ったのです。

これが、岩戸開きです。

世界に光が戻ったとき、八百万の神さまたちの顔がパッと白く光りました。

この顔（面）が白く光ったことから「面白い」の語源が生まれ、さらに神さまたちが、光が戻ったことに手を伸ばして大喜びした様子から、「楽しい」の語源が生まれたそうです。

**こんなふうに「面白い」と「楽しい」は、大ピンチから生まれているんです。**

さらに、このときのアメノウズメノミコトや神々が集まって大騒ぎした姿は、いまのお祭りや御神楽という神社の神楽（神楽殿）でおこなわれる神事の起源だとか。

お祭りは、大ピンチから生まれたんですね。

ピンチのときに踊ってお祭りをしたことから、岩戸が開き、光を取り戻した。

困難を楽しめたとき

**世界が変わる!**

ピンチのときは、踊りましょう。
踊ることで、場の空気（エネルギー）が変わります。
場の空気（エネルギー）が変わると、チームの力が変わります。
そして、結果が変わっていきます。

**ピンチ＝楽しく踊る＝光が戻る**

なのです。

**つまり困難を楽しめたとき、成果は最大となるということです。**

あなたはいま、困難やピンチにワクワクできていますか？

コラム

## 「大嶋啓介が、ある高校野球の監督に送ったメール」

監督、おはようございます！

先日、仙台育英高校で長年指導された佐々木監督と講演をさせていただきました。

かなり衝撃でした。

仙台育英がなぜ強いのか。仙台育英がなぜ奇跡を起こすのか。

その秘策がわかりました。それは、

「面白がっているから」


佐々木監督が、誰よりも野球を楽しんでいるんです。

冬の練習には、ど真剣にEXILEのダンスを練習して、大会ではウォーミングアップのときに相手選手の見ている前で、ダンスをど真剣に踊るそうです。

そして、試合になれば、困難やピンチを楽しんでいるんです。

甲子園出場を決める決勝戦で、初回に5点取られても、佐々木監督は「ついにこれを使うときがきたか」と〝あわてず、あせらず、あきらめず〟と書いてある扇子を選手に見せて、笑わせて和ませます。

そして「お前ら、俺の予言通りだ。5回までに1点返せれば、この試合、俺たちの勝利だ。面白くなってきたな」と困難を面白がり、選手の気持ちを最高潮にして、実際に奇跡の逆転勝ちをされています。

とんでもないリーダーでした。

そんな佐々木監督は、こうおっしゃいます。

「甲子園に行くことが目的ではない。俺は、選手たちに、勝ち負けよりも『いいオヤジ』になってもらいたい」

究極のリーダーの「あり方」を学ばせていただきました。

監督、やはり楽しむこと、面白がることは最強です。

日本の神話も、ピンチに踊り、楽しみ、面白がることで、光を取り戻しました。

ピンチを楽しめたとき、成果は最大となります。

おもいっきり楽しんで、力を発揮させてやってください。

# 喜んで生きると、運も良くなる

伊勢神宮の前に、修養団《しゅうようだん》という研修施設があります。

そこの寺岡講師に、運を良くする方法を教えていただきました。

運を良くする最高の方法、あなたは、いったい何だと思いますか？

ヒントは、神さまがもっとも喜ぶことです。

**神さまはお母さんみたいな存在だそうで、僕たち人間は神さまにとっては子どものような存在。「神さま＝お母さんがもっとも喜ぶこと」がヒントです。**

さあ、何でしょう？

運を良くする方法の答えは、

# 今日1日を喜んで生きること

僕たちが、「今日も幸せだな」「仕事ができることに感謝だな」と、いまに幸せを感じて喜んで生きていることが、神さまにとってもっとも嬉しいことだそうです。

喜んで生きている人に、運を運んでくれるのだそうです。

プロ野球阪神タイガースの矢野監督に教えていただいた話。

2019年から阪神タイガースの監督になられた矢野監督。2018年は阪神タイガースの2軍の監督として優勝されました。

そのときに大切にされていたのが、「野球を楽しむこと」だそうです。矢野監督は、

「現役時代、プレッシャーのほうが強く、野球を楽しみきれていなかった。

引退して、子どもたちに野球を教えることがあって、

そのとき『野球の面白さ、楽しさを伝えたい』と本当に思った。

もし、自分が野球の指導者をすることがあれば、
子どもたちに夢を与えていけるようなチームをつくりたい。そう思っていました。
そんなときに、2軍の監督をやらせてもらい、本当に楽しく野球ができました」

と、話してくれました。

そして、もうひとつ矢野監督が話されていたことで印象に残っているのが、2019年に引退された横田慎太郎選手のことです。


「昨年2軍で優勝できたのは、横田の存在が大きかった。

横田は脳腫瘍になって大手術をして、その影響で目がかすむようになってしまった。

でも、横田はあきらめなかった。

誰よりも早くグラウンドに来て、誰よりも本気で練習をしていた。

そして、誰よりも元気な声を出してベンチを盛り上げてくれた。

そんな横田の姿勢に、ほかの選手たちは影響を受けて、チームが優勝したのだと思います」

と、話されていました。

2019年、矢野監督が1軍の監督になられて1年目。

結果としては、最後の最後に6連勝をされ、優勝を決めるクライマックスシリーズに出場を決めました。そのときに聞いた話が感動でした。

矢野監督に「今シーズンで一番印象に残っている試合はどれですか?」と、聞きました。

「今シーズン印象に残っているのは、『横田の最後の試合』です。
センターのポジションまで全力疾走、そして奇跡のバックホーム、あのプレーです。
横田の超真っ直ぐな気持ちに応えて、
野球の神さまがプレゼントしてくれたとしか思えなかった。
僕はもちろん涙! ほかの選手も涙でした。
その横田の姿を見せてもらって、(残りの試合)何か起こると感じました。
僕たちにいまできること。野球をやれる幸せを感じ、楽しみきること。
そして最後まであきらめない姿勢が、僕たちの目指すところです」

横田選手の引退試合は、1軍の選手たちも全員が応援にかけつけたそうです。これは、過去に例がないほど前代未聞のことだそうです。

引退セレモニーでは、横田選手は、ずっと号泣していました。

阪神タイガースで野球ができたこと、ファンの方の応援があってがんばってこられたこと、そして、両親にどれだけ支えられてきたかということを、涙ながらに話されていました。

矢野監督も1軍の選手たちも、横田選手の引退スピーチに号泣だったそうです。

矢野監督は翌日のミーティングで、選手たちに横田選手のこと、野球がやれる幸せを感じ、楽しみきることを話し、試合に挑まれました。

**そして、そこから怒涛の6連勝をされ、クライマックスシリーズ進出を決めたのです。**

僕はこのとき、

「野球がやれる幸せを感じ、野球を楽しむこと」

が、どれだけ選手たちの力を発揮させていくのかを学ばせていただきました。

矢野監督は、いつも言われます。

「僕のやりたい野球は『愛』と『情』を持って選手と接して、
失敗を恐れず挑戦して、苦しいときこそ楽しみ切ること。
ある意味『心』で野球をすることを、これからも伝えていきたい。
そして、僕たちの全力のプレーでファンの方々に感動を届けたい。
日本中の子どもたちに野球の楽しさを伝えていき、夢を与えていきたい」

矢野監督、最高にかっこいいです。
野球を楽しむこと。野球をやれる幸せを感じること。
僕たちが今日1日を喜んで生きることで、神様も喜んで、運を運んでくれます。

**「喜べば、喜びごとが、喜んで、喜び集めて、喜びに来る」**

リーダーが喜ぶと、チームに喜びごとが運ばれてくるのです。

コラム

# 「今日1日を喜んで生きること」

僕たちが「今日も幸せだな」「仕事ができることに感謝だな」「運動ができることに感謝だな」と、いまに感謝して喜んで生きていることが、運を良くする方法でもあり、力を最大限に発揮するメンタルの状態です。

## 感謝×喜び＝最強メンタル

僕が、高校野球のメンタルの研修をさせていただくときに、「こうして野球をやれることが、どれだけ幸せなことなのか」を感じてもらうために、いつもする話があります。

それは、小児ガンによって8歳の若さで亡くなられた、宗一郎くんの話です。

宗一郎くんの話は、ひすいさんの著書『名言セラピー』（ディスカヴァー・トゥエンティワン）のなかで紹介されていて、それを選手の前で読むようにしているのです。こんな感じです。

息子、宗一郎のお話をしますね。

彼は平成10年3月31日、光の世界に帰りました。

最後の3か月は、病院ではなく自宅で過ごしました。

そのときの私たちは、必死でした。

何とかして病気を治して、元気な宗一郎になってほしかったんです。

病気を治すため、いろんな器械も購入して使いました。

そのほかにも、多くのことをやりました。

でも、いまから思えば、もっともっと一緒に楽しんであげればよかったと思います。

日に日にやせ衰え、痛みに苦しむ息子を、私たち夫婦は精一杯看病しました。

自分では歩くこともできない息子をおんぶして、お風呂にそのままの姿で入ったとき、
痛みが少しやわらいだ息子の顔は、とても幸せそうでした。

支えている私も泣きながら、お風呂につかっていました。

生きてくれるだけでうれしい。生きていてくれるだけでありがたい。

夜は私と妻の間に宗一郎が寝るのですが、30分ごとに訪れる痛みをやわらげるために、

私たちは宗一郎の身体の位置を変えて、さすってやりました。

正直言って、とてもつらかったです……でも……でも……いてくれるだけでいい。

宗一郎がいなくなることが怖かったんでしょうね。

つらい痛みのなかでも、できるだけ私たちに笑顔を見せようとしていた子どもでした。

「お母さん、ごめんね」

「もっと元気だったらお母さん、お父さんも疲れないのにね」

「お母さん、僕もっと生きたいよ！」

痛みが出ると、治療器でその痛みをやわらげてあげました。

これはもういけないな……という状態になり、病院に連れていく車のなかで、
意識があまり定かではない宗一郎がこう言うんです。


「お父さん、お母さん、信じ合って、助け合って、わかり合って生きてゆくんだよ」

「悲しいときや苦しいときほど、笑うんだよ」

「自分を責めることが一番いけないことなんだよ」

などと、強い口調で私たちに言うのです。
病院での最期のとき、痰《たん》が気道を満たして声にならない声で言った最後の言葉が、

「ありがとう」

でした。
それまで、全身の痛みで抱くことができなかったのですが、
最期は母親に抱かれながら　静かに息を引き取りました。

「みんなと一緒に学校に行きたいな〜」
「お父さんとお母さんとおいしいラーメンが食べたいな〜」
「お寿司が食べたいな〜」
「お外で遊びたいな〜」
「髪の毛が生えてきてほしいな〜」
「普通の生活がしたいな〜」

「元気になりたいな～」

「まだ死にたくないな～」

「早くお母さん、お父さんを安心させてあげたいな～」


これらは、限られた命の時間を生きている小児ガンの子どもたちの、したいこと。

いつか、どうしても叶えたいと思っている夢だそうです。


僕たちが何気なく過ごす1日は、昨日亡くなった誰かがどうしても生きたかった、かけがえのない1日。

**僕たちは彼らの夢のなかを生きています。**

**仕事がしたくても、できない人がいる。スポーツがしたくても、できない人がいる。**

いま、こうして仕事ができることに感謝して、今日1日を喜んで楽しんでいきましょう。

コラム

# 「『誰かを喜ばせたい』という感情は、奇跡を起こす」

「誰かのために」のスイッチは、奇跡のスイッチです。

今日1日を喜んで生きることは、運を良くする方法であり、力を最大限に発揮するメンタルの状態だとお伝えしました。とくに、喜びのなかでも「誰かを喜ばせたい！」という感情は、もっとも力を発揮するメンタルの状態なのです。

「お父さんのためにも、必ず甲子園に行く」

「お母さんのためにも、必ず夢を実現する」

と、自分のためだけではなく「誰かのために」という思いは、あきらめない力となり、奇跡を起こします。

この「誰かのために」「誰かを喜ばせたい」の力を最大限に引き出すために選手たちにやってもらうのが、「感謝と決意の手紙」です。

これまで、どれだけ支えてもらったのか。

これまで、どれだけの愛をもらってきたのか。

してもらったこと、感謝できること、嬉しかったことを思い出しながら、これまでの感謝と夢への決意を、手紙として本気で書いてもらうのです。


2016年、春の高校野球センバツに出場した岩手県の釜石高校は、秋の大会の地区予選の1回戦、10－1のコールド負けをします。

しかし、そこから6連勝をして、春のセンバツに出場しました。

僕がメンタルの研修をさせていただいたのは、コールド負けをした直後でした。


メンタルの研修で何があったのか？　何をやってもらったのか？

それが「誰かのために」の本気の手紙でした。

釜石市は、東日本大震災で津波の被害に遭った街です。

彼らが、小学6年生のときでした。

家が津波で流されてしまい、大切な人たちがたくさん亡くなりました。

ピッチャーの岩間くんは、お母さんが亡くなってしまいました。

岩間くんは、お母さんに感謝と決意の手紙を書きました。

ほかのみんなも、泣きながら、真剣に手紙を書いてくれました。

「お母さんを甲子園に連れて行きたい」

「お世話になった釜石の人たちを甲子園に連れて行きたい」

思い思いの、心からの手紙を書いてもらいました。

彼らの、本気のスイッチが入った瞬間でした。


そこからは1回戦でコールド負けをしたのが嘘のように、破竹の勢いで勝ち上がっていきました。奇跡のような勝利を重ね続けました。

結果、春のセンバツに出場するまでになったのです。


「誰かのために」の力の計り知れなさを、あらためて感じた瞬間でした。

さあ、あなたは誰を喜ばせたいですか？

# リーダーの空気で結果が決まる！

会社の組織やプロジェクトのチーム、スポーツのチーム、さまざまなチームがあります。

そんなチームの力を最大限に発揮するためには、何が大切でしょうか？

僕は組織づくりについて、その道の第一人者である大久保寛司先生から学ばせていただきました。寛司先生はＩＢＭの組織改革を歴任し、いまでは大手企業から中小企業まで数々の組織の改革をされているプロフェッショナルです。企業だけではなく学校の校長先生の研修もされていて、全国で人が輝く組織づくりを指導されている方です。

そんな寛司先生が教えてくださった、組織の力、チームの力を最大限に発揮するために大切なこと。その答えは、

## 明るい空気

とのこと。寛司先生は、

**「職場の雰囲気が変われば業績は変わる。業績を上げたければ、まずは職場の雰囲気を良くすること。職場の雰囲気を見れば、その会社が伸びるかどうかがわかる」**

とおっしゃいます。

**チームづくり＝空気づくり（雰囲気づくり）＝結果**

やはり伸びている企業は、職場の空気を大切にされています。
とにかく一人ひとりが笑顔になる工夫をされていて、職場が明るいのです。
オフィスの雰囲気にもこだわりがあります。

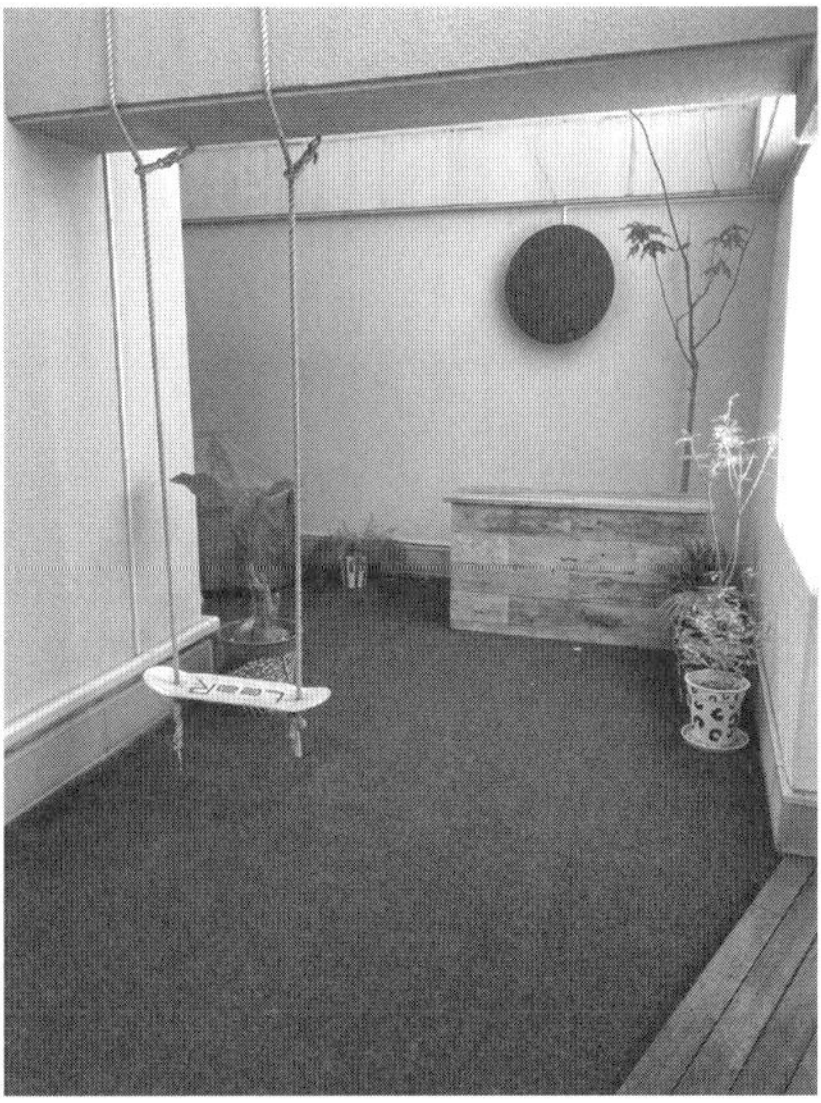

これはクリエイティブディレクターの小橋賢児さんが代表を務めるリアル株式会社のオフィスですが、ブランコがあったり、みんなでくつろげるスペースがあったりと工夫されています。こんな空間で仕事をしたら、ワクワクしてきますよね。

会社だけではなく、スポーツのチームも学校も、そして家庭も同じです。

たとえば野球の場合、チームの空気、ベンチの空気が、試合の結果にモロに出ます。ベンチの空気が悪くなると、試合の結果にもわかりやすく影響が出てくるのです。

寛司先生がおっしゃる「職場の雰囲気、会議の雰囲気を見れば、その会社の業績が伸びていくかどうかがわかる」というのは、僕もすごくわかります。

僕も長年居酒屋をやっているので、その店が繁盛店になっていくのか、ならないのかは店の空気でわかります。やはり繁盛店には繁盛店の空気があります。

そして、その空気をつくっているのは一人ひとりの心の状態なのです。さらに、その一人ひとりの雰囲気をつくっているのは、ほかでもないリーダーです。

**すなわちリーダーがどんな心の状態でいるか、リーダーのメンタルがチームの空気をつくり、結果をつくるのです。**

スポーツにおいては、監督の不機嫌はチームの空気を一瞬にして悪くし、選手は力の発揮ができなくなります。しかし当の監督は、自分の不機嫌がチームの空気にどれだけ悪い影響を与えているか、気づいていない方が多いのです。

よく、高校野球の監督に「どうすれば甲子園に行かせてやれるのか？」と聞かれます。

僕はハッキリと、

**「監督がベンチにいないほうが力を発揮できると思います」**


と言わせていただきます。

それほど監督のメンタルや雰囲気、監督の言葉は、選手のメンタルに良くも悪くも大きな影響を与えるのです。


仕事もまったく同じことが言えます。

社長のメンタルは職場の空気に影響を与え、社員の仕事の質に影響を与えます。

そして、業績に影響を与えているのです。

**監督が不機嫌なのか上機嫌なのかで試合が決まるように、社長が不機嫌なのか上機嫌なのかによって会社の業績も変わってくるのです。**

ある少年野球チームにメンタル研修をさせていただいたのですが、選手たちは力があるのに、なかなか試合で力を発揮できていませんでした。

僕は、すぐに「あ、原因は監督の空気だな」とわかりました。

かなり厳しい監督さんで、子どもたちは「怒られないように、怒られないように」と、萎縮していました。それでは力が発揮できるはずがないのです。

そんなとき、監督の身内の方の手術や入院などがあり、監督不在で大会に挑んだそうです。

するとなんと、その大会で全国ベスト4まで勝ち上がりました。

しかし、その直後、監督が戻ってきてから臨んだ大会では、地区大会の2回戦で負けてしまったそうです。

それほど監督の空気が結果に影響するのです。

ここでひとつ、チェック項目を用意しました。あなたはリーダーとして、どんな空気をつくってきましたか？　58ページの5つから選び、ご自身の点数を見てみてください。

リーダーの空気が、
一人ひとりの空気に影響を与え…

それが職場全体の空気になり…
**結果が劇的に変わる！**

・「とにかく明るい空気をつくってきた」↓5点
・「まあまあ明るい空気をつくってきた」↓4点
・「いてもいなくても、あまり変わらない」↓3点
・「まあまあ暗い空気をつくってきた」↓2点
・「おもいっきり暗い空気をつくってきた」↓1点

このワークで3点以下、つまり「これまで、あまりいい空気をつくってこなかったなあ」というあなた。凹まなくても大丈夫です。むしろ、伸びしろ、半端ないです。

空気が変われば、結果は変わる。あなたのつくってきた空気が、いまの結果。

あなたのいまの空気が、未来をつくります。

そんなあなたの伸びしろに……

## ハイタッチ！

# ご機嫌でいれば、すべて良くなる

「不機嫌な人と一緒にいたい人はいない。
でも、不機嫌な人は多い。
不機嫌でいることよりも、機嫌良くいることのほうが、
どれだけ素晴らしいのかを、知ることが大切」

スポーツ心理学の辻先生から、学ばせていただきました。
不機嫌をやめて機嫌良くいるだけで、何がどれだけ変わるのか。
ここで、スペシャルワークをしてみましょう。

**「不機嫌でいるよりも機嫌良くいることで、どんな素晴らしいことがあるのか」を、20個以上書き出してみてください。**

たとえば、「ご飯が美味しくなる」「コミュニケーションが良くなる」などです。

それでは、どうぞ。

ワーク！

「不機嫌でいるよりも機嫌良くいることで、どんな素晴らしいことがあるのか」を、20個以上書き出してみよう！

さあ、20個以上、書けたでしょうか？

・会議の空気が良くなる
・アイデアが出やすくなる
・仕事の効率が上がる
・業績が上がる
・仕事が楽しくなる
・人生が楽しくなる
・人間関係が良くなる
・モテるようになる
・パフォーマンスが上がる
・チームの空気が変わる
・試合の結果が変わる
・夢が叶うようになる
・目標達成ができる

などなど、たくさんありますよね。

このワークで、何がわかるのか？

「**機嫌良くいること**」**が、どれだけ素晴らしいことなのかがわかります。**

逆に不機嫌でいることで、先ほど書き出してもらったものが、すべて悪くなります。

不機嫌でいることで職場の雰囲気が悪くなります。人も離れていきます。業績も悪くなります。家庭の雰囲気も悪くなります……。

機嫌良くいることで、職場の空気は明るくなります。会議の雰囲気も明るくなり、意見やアイデアが活発に出るようになります。明るいところに人が集まります。仕事の効率も上がり、業績もどんどん上がっていきます。


**リーダーが不機嫌なのか上機嫌なのかで、会社も家庭も学校も大きく変わる。**

機嫌良くいることがどれだけ素晴らしいかを日本中の人が知り、不機嫌をやめることに意識を向けたとき、家庭が変わり、学校が変わり、会社が変わると信じています。そこから地域が変わり、日本が変わり、世界が変わるのです。

# リーダーである大人が機嫌良くいることこそ、子どものワクワクした未来を拓く

## 「大人が輝けば子どもが輝く。子どもが輝けば日本の未来が輝く」

僕が「子どもたちのために輝いている大人の姿を意識して見せていこう」と思うようになったきっかけがありました。

それは僕にリーダーのあり方を教えてくれた、福島正伸先生の講演でした。

この講演で聞いたことですが、ある調査で「あなたの夢は何ですか？」という問いに対して「夢がない」「将来に希望が持てない」と答えた中学生が、なんと71％もいたそうです。

なぜ、子どもたちは夢や希望を持てなくなっているのか。

理由を聞いて、大きな衝撃を受けました。

**その理由は、僕たち大人が「疲れた姿」を見せてきたからです。僕たち大人の「不機嫌」は、子どもの夢を奪ってしまうのです。**

仕事から帰ってきたお父さんの、何気ないひと言。

「今日も仕事疲れたよ……」

元気のない不機嫌なお父さんの姿を見て、子どもたちはどう思うのか。

「お父さん、いつも疲れてる」

「お父さん、大変そう」

「仕事は、疲れるもの」

「大人になりたくない」

こうやって子どもたちは、夢や希望を失っていきます。

将来に夢や希望を失くしてしまった子どもたちは、何のために勉強をしているのかがわからなくなります。僕たち大人の何気ない疲れた姿、「疲れた」というひと言が、どれだけ子どもたちの夢を奪ってきたのか。大人は子どもたちにとって唯一のリーダーです。リーダーが夢を奪ってしまってどうするのでしょうか。


僕には、子どもが3人います。

当時の僕は、5歳の次男から「パパみたいにはなりたくない」と言われていました。

福島先生の講演で、その理由がわかりました。

僕は子どもの前で、いつも「疲れた姿」を見せていたのです。

そんな姿を見て、「パパみたいになりたい！」と言ってくれるはずがない。

その日の福島先生の講演から、本気で変わろうと思いました。

子どもたちの前で疲れた姿を見せるのをやめようと決意しました。そして、人生をおもいっきり楽しんでいる姿を見せていこうと決意しました。

仕事から帰ってきたときは、

「**仕事楽しかった！　仕事は面白い！　人生は面白い！**」

と、そんな姿を意識してきました。

すると、本当に変化が起きたのです。

次男の卒園式のとき、子どもたちが一人ずつ夢を発表してくれました。次男の番になり、ド

キドキしながら「サッカー選手になりたい」とでも言うのかな？　と思っていたら、

**「大嶋心温です。大きくなったらパパみたいになりたいです」**

号泣してしまいました。そのときに録音したものが、これです。

http://www.kizuna-pub.jp/leader_oshima_sound/

親バカですみません（笑）。

「大人が変われば子どもは変わる」は、本当でした。

**大人が輝けば子どもが輝く。子どもが輝けば日本の未来が輝く。**

**輝くとは、機嫌良くいること。輝くとは、ワクワクしていること。**

僕たち大人が輝く姿は、子どもたちに夢を与えます。

僕たち大人がご機嫌でいることは、子どもたちの夢を増やすことになります。

僕たち大人がご機嫌でいることは、世界を変えることになるのです。

ワーク！

## ご機嫌の人生にするワーク

まずは、自分がどんなときに気分が上がるのかを知ること

❶あなたにとって、会うと気分が上がる人、会うとパワーをもらえる人は誰ですか？

❷あなたにとって、気分が上がる場所、パワーがもらえる場所はどこですか？

❸あなたにとって、気分が上がる活動、パワーがもらえる活動は何ですか？

❹あなたにとって、気分が上がる言葉、パワーが出る言葉は何ですか？

❺あなたには、気分が上がる習慣はありますか？
どんな習慣があると気分が上がりそうですか？

# 子どもの才能、可能性を引き出す最高の方法は？

では、子どもたちのリーダーである僕たち大人が、より子どもの可能性を引き出してあげるにはどうすればいいのか。それには大切な要素があります。ずばり、

**家庭が明るいかどうか**

です。

「カンブリア宮殿」などのテレビ番組でも話題になっている、子どもの能力を引き出す学習塾花まる学習会の高濱社長に教えていただきました。

高濱社長は、

「子どもの才能や可能性を最大限に引き出すために大切なことは、何よりも家庭が明るいこと。そして、家庭の明るさにはお母さんの笑顔が大切。お母さんの笑顔が家庭の雰囲気をつくる」

とおっしゃいます。さらに、

「イクメンという言葉がある。お父さんが子育てをするのもいいけど、お父さんがもっともやらなければいけないことは、奥さんの笑顔を増やすこと。イクメンをする前に、奥さんを喜ばせてからやらないとね」

目からウロコでした。

職場の人財育成も、家庭の子育ても同じ。明るい空気が大切なんですね。

**お母さんの笑顔の量=家庭の空気=子どもの才能・可能性の発揮**

なんですね。

そこで思い出すのが、所ジョージさんの言葉。

**「俺は、自分が選んだカミさんとは一生一緒に生きていこうと思っていますよ。俺が妻と結婚したのは、妻の笑顔が長い時間見たいから。いま妻を笑顔にしてあげられていないなら、笑顔にしてあげられていない俺がすべて悪い」**

僕は反省しかないですね……。

あなたの奥さんの笑顔の量は、いかがですか？　あなたは奥さんを笑顔にしていますか？

奥さんを笑顔にする方法は100万通り。

あなたは、大切な人を笑顔にするために何をしますか？

# 誰だって、どんな出来事でも楽しくできる

## 「人生のすべてを楽しむと決めると、楽しいことが起こる」

僕の大好きな言葉です。この言葉の意味が、いまはハッキリわかるようになりました。

**やることを決めるのではなく、すべてを楽しむと決める。**

**どんな心で×何をするのか＝結果**

やることは決めても「どんな心でやるのか」を決めている人は少ないのです。

これまで「どんな心で」を意識することがほとんどなかった人でも、**「どんな心で」を決めると、結果も人生も劇的に変わっていきます。**

またまた、ひすいさんから聞いた話です。

お笑い芸人の千原ジュニアさんと、こんなやりとりがあったそうです。

「ジュニアさんは、ネタづくりをどんなときにしているのですか？」という質問に対して、

**「いまと言えばいま、さっきと言えばさっき、これからと言えばこれから。つまり俺は、24時間お笑いのことを考えています」**

「なんでジュニアさんのまわりでは、そんなに面白いことばかり起きるんですか？」という質問に対して、

**「お笑い芸人のまわりだけで面白いことが起きてるはずなんかない。でも、ワシらは人におもろい話をするって決めて生きてる。だから面白いものが引っかかるんや」**

面白いことが起きる人は、日常で面白いことに視点を当てていることがわかります。
逆に、面白いことが起きない人は、面白くないところに視点を当てているから、ということになります。

**つまり、人生を楽しくできるかどうかは、現実が決めるのではないのです。**
**自分の心が決めるのです。**

著書が累計500万部を突破されているベストセラー作家の浅見帆帆子《ほほこ》さんに、「帆帆子さんにとって、人間力とは何ですか？」と質問させてもらいました。その回答に感動。

**「私にとって人間力とは、いま目の前のことを楽しむ力。**
**楽しいことばかりが起こるわけではない。**
**うまくいかないとき、困難なことが起きたとき、**
**その困難をどう面白がれるか、どう楽しめるかが、**

**人生においてもっとも大切な力だと思います」**

同じように、天才作家のひすいこたろうさんにも質問をさせてもらいました。
なんと、ひすいさんの回答も、

**「どんな困難が来ても、楽しむ力」**

と、同じだったのです。
どんな出来事も面白くできるし、どんな出来事も楽しくできる。そして、どんな出来事も面白くすると決めると、面白いことしか起こらなくなるのです。

# 「メンター型リーダー」と「コントローラー型リーダー」

**「自分の弱さを出せる人が、真の強い人」**

**「人は長所で尊敬されるけど、短所で愛される」**

**リーダーシップには「メンター型」と「コントローラー型」があります。**

これは僕にリーダーのあり方を教えていただいた、究極のリーダー育成をされている福島正伸先生からの学びです。

**コントローラー型とは、権限や恐怖、飴とムチで相手をコントロールして動かすリーダーシップです。**これは簡単に人が動くので、これまで多くの指導者がやってしまっていました。

僕も元々コントローラー型でした。

しかし、コントローラー型では、依存型人材を育ててしまいます。

「指示がないと動けない」「リーダーの顔色ばかり伺う」「自分の意志で動けない」……など、他人や環境に依存する人材になってしまうのです。

依存型人材ではなく、自立型人材を育てる究極のリーダーシップがあります。

**それが、メンター型リーダーシップです。**

**メンター型は、権限や恐怖は使いません。「憧れ」と「尊敬」を使います。**

「あの人と一緒に仕事がしたい」

「あの人のもとで、野球を学びたい」

「あの人のために夢を叶えたい」

そんな憧れと尊敬で仲間のやる気を引き出し、チームの力を最大限に発揮し、最高の結果をつくるリーダーが、メンター型リーダーです。

## 「メンター型」と「コントローラー型」

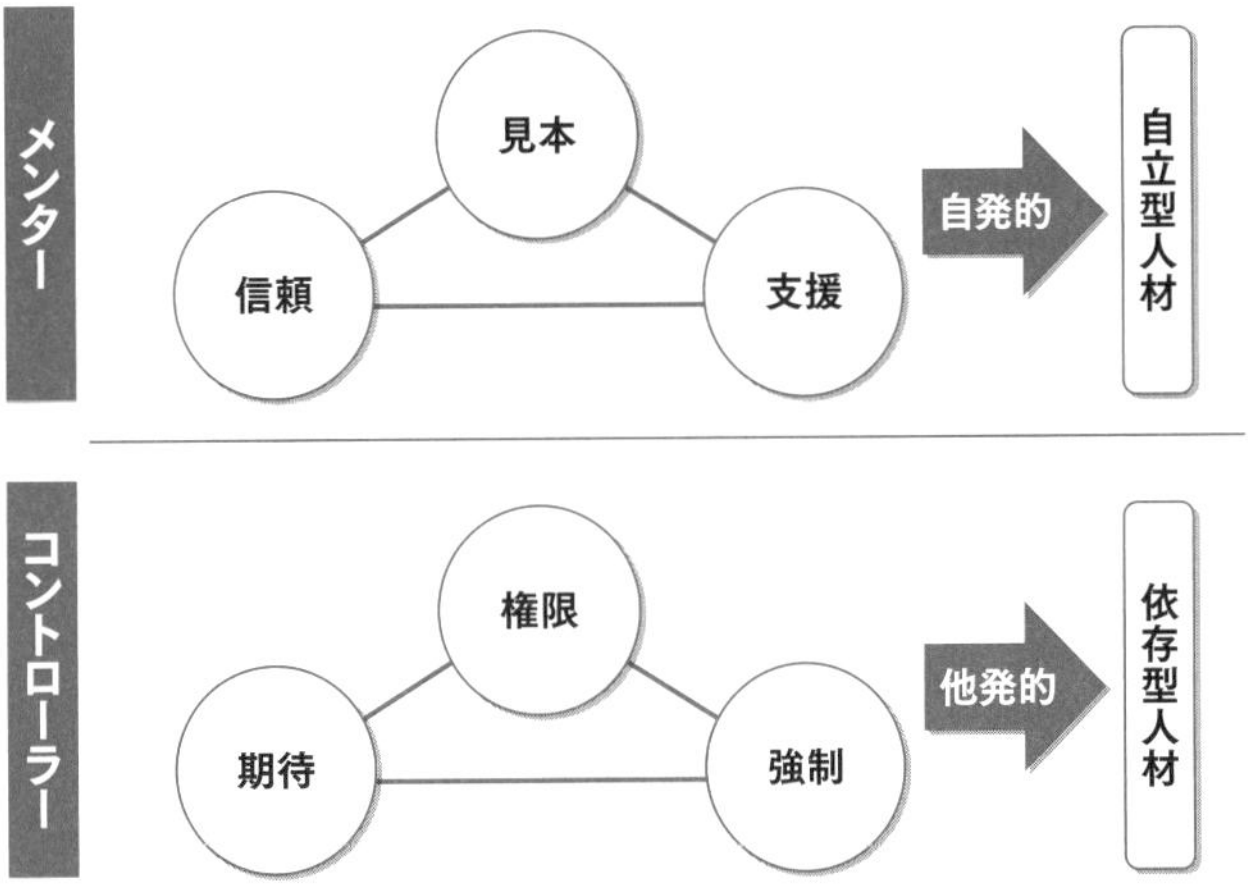


### メンターとコントローラーの比較

| | メンター | コントローラー |
|---|---|---|
| 目的 | 相手が自発的に努力すること | 相手が思い通りに動くこと |
| 主体 | 相手 | 自分 |
| 関係 | 信頼関係 | 上下関係 |
| 動機 | 夢・共感 | 損得・危機感 |
| 視点 | 長期的成長 | 短期的利益 |
| 即効性 | 自発的になるまで、ナシ | 初めのうちだけ、アリ |
| 効果 | 成長・発展 | 衰退・崩壊 |
| 感覚 | 自由・開放感 | 拘束・限界感 |
| 気持ち | 尊敬 | 恐怖 |
| 社風 | 明るい | 暗い |
| 報酬 | 感謝・感動 | 安定・生活 |

福島正伸先生の資料より

そのメンター型リーダーにもっとも重要な条件が、

**「生き様」**

です。

リーダーの生き様がすべてなのです。

**「何を教えるかではなく、どんな生き方をしているか」**
**「やり方ではなく、どんな『あり方』を魅せていくのか」**

最高のリーダーシップも最高のチームづくりも、人財育成も、そして子育ても……大切なことは、「リーダーの生き様」なんです。

普段から、リーダーがどんな言葉を使い、どんな関わりをして、どんな姿勢で仲間と向き合っているのか。

どんな志で、どんなビジョンを持って、どんな信念を持って、仲間と向き合っているのか。

すべては、リーダーの生き様で決まる。

**生き様は、選べます。**

**生き方は、自分で選択できるのです。**

あなた自身が、まずは、どんなリーダーになりたいのかを明確に決めることです。

どんなポリシーを持って、チームをつくっていきたいのかを明確にすることです。


ここでは、あなたの生き様、ポリシーを明確にしていきます。

自分が大切にしている信念、大切にしていきたい信念、ポリシーを10個、次のページに書き出してみましょう。いまできているか、できていないかは関係ありません。

**リーダー（上司）は部下を「能力」で見る人が多いですが、部下はリーダーを「人間性」で見ています。リーダーの生き様が組織をつくるのです。**

あなたはメンター型ですか？

それともコントローラー型ですか？

## ポリシー10か条

| 大嶋啓介のポリシー10か条 | |
|---|---|
| 第一条 | 志に生きる |
| 第二条 | 人生は100年の夏休み。仕事も遊びも全力で楽しむ |
| 第三条 | 感謝の原点は親への感謝。一生親孝行する |
| 第四条 | 家族や仲間、大切な人を大切にする。<br>大切な人の大切な人も大切にする |
| 第五条 | 日本のパワースポットになる。<br>人の心を明るく照らす人になる |
| 第六条 | この地球に喜びと希望を増やすことに命を使う |
| 第七条 | 夢にワクワクして生きる |
| 第八条 | すべての困難に興奮して挑む |
| 第九条 | 仲間の可能性、自分の可能性に興奮する |
| 第十条 | 一生挑戦。出過ぎる杭になる |

| あなたのポリシー10か条を書き出してみよう！ | |
|---|---|
| 第一条 | |
| 第二条 | |
| 第三条 | |
| 第四条 | |
| 第五条 | |
| 第六条 | |
| 第七条 | |
| 第八条 | |
| 第九条 | |
| 第十条 | |

# あなたの「究極のリーダー力」を簡単に測るテスト

突然ですが、あなたの究極のリーダー力を測るテストをさせていただきます。
次の質問に対して、答えてみてください。

**① あなたは、いま、リーダーとしての役割にワクワクしていますか？**
□はい　□いいえ

**② あなたは、仲間（部下）から尊敬、信頼されていますか？**
□はい　□いいえ

③ あなたと、あなたの仲間（部下）は、いま、使命感、志、理念にワクワクしていますか？

□はい　□いいえ

④ あなたと、あなたの仲間（部下）は、いま、チームの夢（ビジョン）や目標にワクワクしていますか？

□はい　□いいえ

⑤ あなたと、あなたの仲間（部下）は、いま、仕事が楽しくてワクワクしていますか？

□はい　□いいえ

⑥ あなたの、職場の空気（雰囲気）は、明るいですか？

□はい　□いいえ

**⑦ あなたは、仲間（部下）の可能性にワクワクしていますか？**
□はい　□いいえ

**⑧ あなたと、あなたの仲間（部下）は、困難やピンチにワクワクしていますか？**
□はい　□いいえ

**⑨ あなたは、仲間（部下）に心から感謝していますか？**
□はい　□いいえ

**⑩ あなたは、いま、人生にワクワクしていますか？**
□はい　□いいえ

どうでしたか？

ここで挙げた項目は、どれもが「究極のリーダーになる」うえで、大切な要素になるものばかりです。

すべての項目に「はい」と答えられた人はかなり素晴らしいですが、どれかひとつでも当てはまっている人もかなり素晴らしいです。

ひとつも当てはまらなかった人は、伸びしろが半端ないです。これからのチームづくりが半端なく楽しくなっていきます。

**リーダーのワクワクは伝染します。リーダーの不機嫌も伝染します。**
**リーダーにとって最大のリスクは、ワクワクしていないこと。**

あなたはいま、志にワクワクしていますか？
あなたはいま、夢にワクワクしていますか？
あなたはいま、仕事にワクワクしていますか？
あなたはいま、困難にワクワクしていますか？
あなたはいま、仲間の可能性にワクワクしていますか？
あなたはいま、自分の人生にワクワクしていますか？

## 仲間たちから大嶋啓介への質問コーナー

質問

「けーすけさんは毎日毎日、どうしてそんなに本気で、「ご機嫌でいられるんですか？」

回答

いつも質問ありがとう！

僕がどうして毎日ご機嫌でいられるかは、ずばり、

「ご機嫌でいることが、本当に大切だと気づいちゃったから」

です。

・人生を面白くする方法
・奇跡を起こす方法
・夢を叶える方法

そのすべてが、

「ワクワクを増やすこと」
「喜びを増やすこと」
そして「毎日をご機嫌でいること」

これだと、わかってしまったのです。

**どんな心で×何をするか＝結果**

です。

僕たちは、「何をするか」「どうやってやるか」「どんな方法でやるか」「どうすればいいのか」ばかりに意識を向けてしまっているんだけど、じつは「どんな心でやるか」という〝心のあり方〟が、めちゃくちゃ大事なんですよね。

どんな良い方法や、どんな良いことをやっても、ネガティブな心でやるとあまり良い結果にならなかったりします。

この「どんな心で」が、人生を面白くするためにめちゃくちゃ大事なんだな～とわかっちゃったから、毎日ご機嫌でいることに意識が向くようになっています。

ただ、僕も24時間ご機嫌ではいられていなくて、まだまだです。修行中です！

いつも質問ありがとうございます。

今日も、人生のすべてを楽しむと決めて最高の1日にしていきましょう。

今日が、人生でもっとも大切な日であるとしたら、どんな1日を過ごしますか？

# 第1章のまとめ

「この章で気づいたこと、感じたことを書き込んでみましょう。わいてきた直感が大事なので、自由に書き込んでみてください」

# 第2章

# チーム全員が夢にワクワクしていると、圧倒的な成果しか出なくなる

## 夢が叶う人の共通点

- 夢が叶う人は、夢にワクワクしている
- 夢が叶う人は、夢が叶うと心の底から思っている
- 夢が叶う人は、素直力が半端ない
- 夢が叶う人は、いつも明るい。ご機嫌でいることが多い
- 夢が叶う人は、仲間に感謝している
- 夢が叶う人は、仲間の夢を応援している
- 夢が叶う人は、自分のことより仲間のことを考えている
- 夢が叶う人は、志に生きている
- 夢が叶う人は、夢を叶えてきた仲間がいる
- 夢が叶う人は、ピンチにワクワクしている
- 夢が叶う人は、仲間から愛されている
- 夢が叶う人は、謙虚で学び力が半端ない

## 夢が叶わない人の共通点

- 夢が叶わない人は、夢に深刻になっている
- 夢が叶わない人は、夢が叶わないモノの考え方をしている
- 夢が叶わない人は、夢が叶わない行動をとっている
- 夢が叶わない人は、夢は叶わないと思っている
- 夢が叶わない人は、不機嫌が多い
- 夢が叶わない人は、不平不満が多い
- 夢が叶わない人は、自分のことしか考えていない
- 夢が叶わない人は、人の夢を応援しない
- 夢が叶わない人は、夢にワクワクしていない
- 夢が叶わない人は、夢が叶わない人同士でいる
- 夢が叶わない人は、夢が叶わないことが当たり前になっている
- 夢が叶わない人は、夢を否定している

# 最高のリーダーは、チーム全員を「夢にワクワク」状態にする

**「高い山を登るコツは、登っている時間を楽しむこと。もっとも険しい道が、もっとも感動する」**

あなたは、仲間を夢にワクワクさせていますか？
先日、阪神タイガースの藤浪晋太郎選手と食事に行きました。そのときに僕は「大阪桐蔭高校の西谷監督は、どんなリーダーだったの？」と聞きました。藤浪選手の答えに感動。

「練習はめちゃくちゃキツくて厳しかったですけど、夢にワクワクさせてくれた人でした。

『お前らのまわりの友だちは、
遊んだり、彼女ができてデートしたり、楽しそうに見えるかもしれん。
でもな、甲子園という最高のステージで野球ができることは、
どんな遊びとも比べることができない、感動と喜びがあるんや。
日本一の景色は、さらにとんでもない感動がある。
本気で練習をやってきてよかった。キツい練習に耐えてきてよかった。
必ずそう思う日が来る。
俺は、お前たちと日本一になって、最高の感動を分かち合いたい』

そんなふうに、熱く話してくれました。日本一という目標にワクワクさせてくれました。

だから僕たちは、どんなキツい練習も乗り越えることができたんやと思います。

そして、日本一にもなることができたんやと思います」


大阪桐蔭高校が、なぜ強いのか？

**強さの裏には、ワクワクがあったんです。**

最高のリーダーは、仲間を夢にワクワクさせています。

リーダーだけが夢にワクワクしているのではなく、仲間も夢にワクワクさせているのです。

ソフトバンクグループ孫社長の「300年後の未来をつくる」という夢に、仲間や社員もワクワクしています。

日本を代表するラーメンチェーン一風堂の河原社長は、「ラーメンという日本の文化を世界に広めていく」という夢を持ち、仲間をワクワクさせています。

僕が大変お世話になった中村機械の中村社長は、「会社は大人の遊園地」と語り、働く社員さんがワクワクする工場をつくられています。

僕が学ばせていただいた岡田社長は、「大家族主義」をかかげ、いつも先頭に立って、男としての「あり方」、人としての「生き様」を、親父のように魅せてくれます。

幕末の吉田松陰先生は「日本の未来のため」に松下村塾を運営し、その塾から将来の総理大臣など、とんでもないリーダーが育っていきました。

漫画『ワンピース』の主人公ルフィだって、「海賊王になる！」というワクワクする夢に仲間が集まってきます。


夢を実現しているリーダーは、仲間を夢にワクワクさせています。

ワクワクは、仲間を引き寄せる力になります。

**楽しいところに人が集まります。**

**明るいところに人が集まります。**

**ワクワクする夢に人が集まるのです。**

あなたは、仲間にどのような夢を語っていますか？

夢に向かってワクワク挑む姿に、人は共感します。

自分をさらけ出すほど、まわりの人の心も開いてきます。

過去のつらい体験や苦しかった体験にこそ、その人の使命があったりします。

過去を受け入れ、過去から学び、過去に感謝することが、未来を創造する力になり、まわりの人が共感する力となります。

この章の最初は、あなたの社員さんや仲間が心からワクワクする「**究極の夢プレゼン**」をつくるワークをしていきましょう。

ワーク!

究極の夢プレゼンをつくるワーク　書き込んでみよう

❶あなたのどうしても成し遂げたい夢は何ですか?

❷なぜ、その夢を持ったのですか?

❸なぜ、その夢を叶えたいのですか?

❹誰のためにその夢を叶えたいですか?(複数可)

❺その夢を叶えるのがあなたでないといけない
理由は何ですか?

❻その夢を実現することで社会に
どんなインパクトがありますか？

❼過去のつらい体験のなかに自分の使命があるとしたら、どんな体験ですか？　どんな使命ですか？

❽あなたの人生の目的は何ですか？

❾書き出したことを参考に、小学生が聞いてもワクワクするような2分間の夢プレゼンの原稿をつくってみてください。約800字で書くと2分間のプレゼンになります。

# なぜ、目標が達成できないのか？

## 「夢は叶わないのではなくて、本気で叶えたいと思っていないだけ」

質問です。

「あなたはいま、目標に心からワクワクしていますか？」

「あなたのチームの仲間は、チームの目標に心からワクワクしていますか？」

なぜ目標が達成できないのか。なぜ夢が叶わないのか。

**ずばり、ワクワクしていないからです。**

やり方が悪いとか計画性がないからとか、そんなことが本当の理由ではありません。

**目標にワクワクしていないからです。**

**夢にワクワクしていないからです。**

「目標にワクワクさえすれば、目標は達成できるんですか？」

はい、かなり高い確率で達成できます。

たとえば、あなたが毎月の売上目標を達成できていないとします。

「目標達成が難しい」「自分には無理だ」とあきらめ、自信をなくし、やる気が起きない。そんな状態だとします。

そんなあなたに、こんな条件がついたらどうですか？


**「来月の売上目標が達成できたら、1億円プレゼント！」**


絶対にやりますよね？　絶対に達成させませんか？　何がなんでも達成させますよね？

ということは、ワクワクのスイッチが入れば達成できるということです。

ダイエットという目標も一緒です。

「1か月で10キロ痩せる」という目標にした場合、ほとんどの人は「無理だ、それはできない」と思いますよね。でも、こんな条件がついたらどうですか？

## 「目標達成したら、好きな芸能人の方とお付き合いできる」

がんばり方が変わりますよね。絶対に達成させちゃいますよね？

**これらは極端な例ですが、じつは目標達成したあとのワクワクがイメージできると、かなり高い確率で達成できるのです。そして、世の中の大成功している人は、夢や目標にワクワクしているから成功しているだけなのです。**

仕事でも勉強でもスポーツでもダイエットでも、すべての夢や目標が達成できないのは、才能がないからではありません。本気でやりたいと思っていないだけなのです。

やりたいと言いながら、そこまで優先順位が高くないだけなのです。

**人は、めちゃくちゃワクワクする夢であれば、どんな困難が来ても、必ずやり遂げてしまう生き物です。**

根性が足りないわけではないんです。才能がないわけでもないんです。

手段や方法も大事です。ですが、その夢や目標に対するワクワク度、本気度のほうが、その何倍も何十倍も大事なのです。

## 「夢が叶ったからワクワクするのではない。ワクワクしているから夢が叶うのだ」

あなたはいま、夢や目標に何%くらいワクワクしていますか？　もし50%くらいしかワクワクしていないとしたら、伸びしろが半端ないです。

**伸びしろに、ハイタッチ！**

ワーク!


あなたの夢や目標が達成された後、どんな素晴らしいことがありますか？　どんな成長がありますか？

どんな嬉しいことがありますか？　ライフスタイルはどう変わりますか？

思いつくままにワクワクしながら書いてみましょう！

# 鼻血が出れば、夢は叶う

## 「喜べば、喜びごとが、喜んで、喜び集めて、喜びに来る」

夢を叶えるポイントは、心からワクワクすることにあります。心から楽しむことです。
では、どうすれば心から喜び、楽しめるのか？

**自分が心からワクワクする「ストーリー（物語）」をつくればいいのです。**

思わず鼻血が出るような、興奮する物語を描くのです。

やり方は簡単。

## 「一番興奮するシーンは何?」

と自分に問いかけるのです。

僕は、自分をワクワクさせる物語をつくることで人生を変えてきました。

この話は前著『前祝いの法則』(フォレスト出版)でも触れましたが、僕の原点にもなる体験でもありますので、もう一度シェアさせていただきます。

僕は高校生のときの成績が、1学年500名中、なんと1番でした。

でも、中学まではまったく成績は普通。むしろ勉強嫌いなほうでした。

そんな勉強嫌いだった僕が、高校からは3年間、学年トップです。

2年生のときは全科目オール5。

この急成長は「奇跡」と言っていいと思うのですが、じつは秘策があったのです。

**その秘策とは……「告白」です。**

僕は片思いしていた女の子に、こう伝えたのです。

## 「今度のテストで、学年で3番以内に入ったら、僕と付き合ってほしい」

そう告白したら、なんと彼女の答えは「OK」だったんです。

学年で3番以内に入れば彼女と付き合える。そこから勉強のスイッチオンです。

あれだけ苦痛だった勉強が、楽しくて楽しくてたまりませんでした。なんたって、勉強の先に待っているのは彼女とのデートですからね。

彼女と付き合っていることを何度もイメージしながら、ワクワク勉強しているので、まったく苦痛じゃありません。試験前なんか、ほとんど寝ずに勉強していました。

**「いつまで勉強してるの!? いい加減、寝なさい!」と、お母さんに怒られたくらいです**（笑）。

このときに「自分次第で、どんな目標でも、面白くないものを楽しくできる」と気づいたんです。そして、ワクワクは無敵だって痛感したのです。

この事例のように告白だけではなく、勉強を面白くする方法は何だってOKです。

まさに「成功したからワクワクするのではない。ワクワクしているから成功するのだ」です。


思い起こせば、それ以来、人生でうまくいったことはすべてこのパターンです。

居酒屋てっぺんを創業するときも、「どんな居酒屋をつくったら鼻血が出るほど興奮するか」と、興奮する物語を先にいくつも考えていました。


**「一番興奮する目標は何？」**

**「一番興奮するシーンは何？」**

**「来てくれたら一番興奮するお客様は誰？」**

**「一緒に働く仲間がワクワクする目標は何？」**


僕は独立してお店を始める前に、ずっとこの質問を自分に投げかけていました。

真っ先に頭に浮かんだのが、日本中の同業者が「ここの居酒屋はヤバいぞ！」と、僕の居酒屋に偵察に来てくれるシーンでした。

日本一スタッフが輝いている店にして、全国から同業者が学びに来る……そんな店にしたい。人が輝く店のモデルになるような居酒屋をつくれたら最高に興奮する！　そう思ったんです。

なかでも居酒屋業界の神さまと言われる楽コーポレーションの宇野隆史社長が認めてくれるような店をつくれたら確実に鼻血が出る！　そして、宇野社長が僕たちの居酒屋を見て、こう言ってくれたら興奮する！　というセリフも勝手に決めていました。

**「居酒屋てっぺん、すごい店ができたぞ」**

僕が飲食業界で尊敬する方がこんなふうに言ってくれたら、確実に鼻血が出ます。
そんな想像をしていたら、本当に鼻血が出てきました。
それで「このまま興奮しすぎて、鼻血が止まらないとヤバイな」と思い、銀行に提出する事業計画書の書類の「リスク」という欄に「鼻血」と書きました。
そして「リスクヘッジ」の欄に「ティッシュ」と書いたんです（実話です）。

**リスク↓鼻血**
**リスクヘッジ↓ティッシュ**

いま思えば、よくそんな事業計画書でお金を貸していただけたな、と思います。

そして、てっぺん創業後、この夢は叶いました。

**オープン3か月目にして、楽コーポレーションの宇野社長が来てくれたのです。**

さらに、宇野社長の会社の各店舗の店長さんたちに「お前ら、てっぺんすごいぞ。一度見て来い！」と、本当に言ってくれたのです。こうして、てっぺんは日本中の同業者の方々が毎日のように来てくれるお店になりました。


そのほかにも、こんな鼻血ストーリーを創業前に描いてきました。

## 「居酒屋てっぺんが、学校の修学旅行のコースになること」

居酒屋が修学旅行のコースになるなんて、普通に考えればあり得ないことです。

でも僕は本気でした。

てっぺんで輝いて働いている大人の姿を、子どもたちに見せたいと思ったんです。

「1日目、ディズニーランド。2日目、てっぺん」

という感じで、修学旅行の行き先に選ばれている未来を想像しました。

居酒屋が修学旅行のコースになったら、伝説じゃないですか？　まさに鼻血ですよね。

この目標も創業2年で叶いました。

いまでは、てっぺんの朝礼を体験しに多くの学校が来てくれます。

**ワクワクする目標は叶うんです。**

僕の基準は、仲間みんなが「鼻血が出るくらいワクワクするかどうか」です。

**社長だけが目標にワクワクしていてもダメで、みんながワクワクする目標になっているかどうかが、すごく大切だと思うんです。**

「目標＝ノルマ」という意識でやるのか、「目標＝鼻血」でワクワク楽しんでやるのか。

どんな心で何をするのかで、結果は変わります。

### 心×行動＝結果

「やる気がない社員がいて困っている。どうしたらいいですか？」

こんな相談を受けることがありますが、それはやる気のない社員さんが悪いのではなく、目標がつまらないだけです。

目標を面白くする方法は、１００万通りあります。

**僕は店長時代も独立後も、「前年対比」を目標にしたことがありません。**

なぜなら、それではやる気が１ミリも起きないからです。前年対比という物語ではワクワクしないからです。

**「それって祭り？　それって伝説になる？　それって世界変わる？　それって鼻血出る？」**

これが僕の行動指針です。

自分をワクワクさせる物語を描くために必要なのは、上質な質問です。

いろんな質問を自分に投げかけ、自分をワクワクさせる物語を先に描くのです。

人生とは、どんな質問を自分に投げかけるかで決まります。

鼻血が出たら奇跡は起きる！　鼻血が出たら夢は叶う！

ワーク！

あなたのこれからの鼻血ストーリーを、
自由に描いてみましょう。

# 最強の夢の叶え方「予祝《よしゅく》」

**「成功したから幸せになれるのではない。**
**先に幸せであることが成功を生むのだ」**

最強の夢の叶え方を教えてくれたのも、ひすいさんでした。

「大嶋さん、すごいこと聞きましたよ！
伊勢神宮の神主さんから、すごい夢の叶え方を聞いてきました。
日本には、昔からすごい夢の叶え方がありました。

## 『予祝』という和の夢の叶え方、和の成功法則があったのです」

**「予祝」とは文字通り、夢が叶う前から先に喜び、先に祝うことで、夢を引き寄せること。**

じつは日本人が大好きな「お花見」も予祝です。

なぜ、日本人はお花見をするのか？

じつはお花見こそ、古代から日本人が実践していた、夢を叶えるための引き寄せの法則だったのです。

昔から日本人の一番の願いは、秋にたくさんの稲が実り、お米がしっかり穫れること。その願いを引き寄せるためにやっていたのが、お花見だというのです。

桜が満開に咲いていることと秋のお米の実りを重ね合わせ、お米でつくられた日本酒で仲間とワイワイお酒を飲みながら、願いが叶ったことを想像し、先に喜び、先にお祝いすることで、願いを引き寄せる。

これを「予祝」というのです（辞書にも載っています）。

先に喜び、先に祝うことで、夢を引き寄せるというのが、昔の日本人がやっていた夢の叶え方だったんです。

僕は西洋の成功哲学や心理学・脳科学を勉強してきたので、日本にも古来の夢の叶え方があったと聞いて、めちゃくちゃ興奮しました。

そして、この「予祝」の効果は僕もかなり体験してきました。

高校野球のメンタル研修で「予祝」を取り入れて、甲子園出場の夢が現実になったり、ある会社が「予祝」を取り入れて、業績がV字回復したり、とんでもない奇跡が連発しています。

なぜ「予祝」には、奇跡を起こす力があるのか。

なぜ「予祝」には、夢を実現する力があるのか。

**それは「心が喜ぶから」です。**
**「心がワクワクするから」です。**

夢を叶えるためにポイントになるのが「心」です。

いま「どんな心でいるか」が、ポイントになってきます。

「よしゅくん」
イラスト：そねくみ

笑顔が最高のパフォーマンスをつくる！

いま注目されている女子ゴルフの渋野選手は、常に「笑顔」を意識することで、心を良くしています。

２０１９年の夏の甲子園で準優勝をし、ドラフトでも注目されていた奥川投手も「笑顔」が話題になりましたが、彼もまた「笑顔」が力を発揮する心の状態になることを知っているのです。そんな彼の所属する星稜高校のチームが大切にしているスローガンが「必笑」です。

そして、２０２０年の阪神タイガースのチームスローガンは「Ｉｔ’ｓ勝Ｔｉｍｅ」です。「勝」の字のなかに「笑」が入っている飾り文字で表現されて、野球を楽しんで笑顔で勝つという意味があります。

このように一流の選手やチームは、笑顔が最高のパフォーマンスを発揮する「心」をつくることを知っているのです。
日本のことわざ「始めよければ終わりよし」というのは、現在の心の状態が良ければ未来も良くなるという意味です。

**「心（どんな心で）」×「行動（何をするか）」＝「未来（結果）」**

つまり、どんな良い行動をしても、マイナスな心でやると良い結果にはならないし、良い未来にならないということです。「未来」を変えるとは「いまの心」を変えることです。「いまの気分」こそ、あなたの未来なんです。

**「いまのあなたの心の状態」×「行動」＝「未来」**

そして、最高の未来をつくりたかったら、こうなります。

**「ワクワク」×「行動」＝「史上最強の未来」**

これが、最高の未来のつくり方です。自分の人生を最強にする方程式です。

**この「心の状態」をワクワクさせるための最強の方法が「予祝」なのです。**

手段や方法は、もちろん大切です。計画やどんな行動をするかも大切です。

**しかし、心が不機嫌なのかワクワクしているかで、まったく未来は違ってきます。**

夢を叶えるコツは、「心を喜ばせること」にあります。心からワクワクすることにあります。

心から楽しむことにあります。予祝は、心を喜ばせる最強の方法なんです。

**「成功したから幸せになれるのではない。先に幸せであることが成功を生むのだ」**

# 「本気」とは、つらくて苦しいものではない

## 「本気でやれば、大抵のことはうまくいく」

「本気」と聞いて、あなたはどんなイメージを抱きますか？

覚悟を決めて、一途に自分がやるべきことをやる……僕はそんなふうにストイックで、厳しい決意で臨むイメージだと思っていました。

僕が人生を変えるきっかけになったセミナーで、「本気の定義」を教えてもらったのですが、その内容が目からウロコでした。

本気には４つの定義があるというのです。

**・本気の定義1：自分の意思で何がなんでもやると決める**

本気の人は、自らの意思で「やる」と決めている。「日本一になる」と決めている。

まずは、決めることから始まる。

**・本気の定義2：あきらめずにやり続ける**

本気の人は、決めたら成果が出るまでやり続ける。

途中であきらめるのは、本気さが足りない証拠である。

**・本気の定義3：楽しくなる**

本気でやると楽しくなる。本気＝楽しい。

「つらい」「苦しい」と思っているのならば、本気さが足りない証拠。

**・本気の定義4：本気の人を、人は応援したくなる**

本気の人に、人は集まる。

定義1と定義2は、もともと僕が持っていた「本気」のイメージにあったのですが、定義3は目からウロコでした。

なぜなら、ずっと「本気＝つらい・苦しい」というイメージがあったからです。**当時の僕は、リーダーとして楽しんでいる姿を見せてこなかった。大変な姿や苦しんでる姿を見せてきたから人が離れていったり、うまくいかなかったんだと気づけました。**

楽しいところに人は集まります。楽しいリーダーに人は集まります。

**本気≠つらい・苦しい**
**本気＝楽しい・ワクワク**

本気は、人を惹きつける力となります。

あなたはいま、目標にワクワクしていますか？　あなたはいま、目標に本気ですか？

# 1年で売上を3倍にした「本気」の男の物語

僕の仲間に強烈な「本気」のリーダーがいます。

経験や知識がなくても、本気でやれば奇跡が起こることを証明した男です。

居酒屋業界のなかでも、「店長をやれば彼の右に出る人はいない」と断言してもいいくらい、強烈な本気のリーダーです。

居酒屋甲子園で、二度も日本一になっている男でもあります。

**彼の名は、赤塚元気。**

居酒屋業界で「知らない人はいない」と言われるほどの究極のリーダーです。

そんな彼の店長時代の伝説の話を、ご紹介します。

彼は大学を卒業してすぐに父親の会社に就職し、いきなり居酒屋の店長を任されます。当時の店の売上は、約150席で月商600万円ほどでした。

「人が輝く日本一の店にする」という目標を持ち、社員さんに熱く話しました。

しかし……まったく伝わらない。

それもそのはず。

大学を卒業してすぐに、社長の息子ということで店長になったものの、年齢も一番若く、店長として誰からも認めてもらえていない状態だったからです。

熱く語ったとしても、そう簡単には伝わるはずもない。

彼だけが、孤立している状態。

そんなとき父親から、

**「どれだけ熱く話しても、どれだけ正しいことを言っても、人は言葉ではなかなか伝わらない。本気の行動で信頼を勝ち取るしかない。お前の本気が伝われば信頼されるようになる」**

と言われました。

彼は、その次の日から行動を変えます。本気の行動を取ります。

本気を伝えるためにした行動は、

**「誰よりも早く出勤して、誰よりも遅くまで残る」**


というものでした。

それ自体は、そんなにめずらしくもなく、誰もが思いつくことだと思うのです。

しかし、その誰よりも早く出勤するレベルが半端なかった。

**なんと、みんなが出勤する時間より6時間も早く出勤したのです。**

お店の通常の出勤時間はお昼すぎなので、赤塚元気は早朝からの出勤ということです。

その日から毎日早朝に出勤して、まずは駅前でビラ配りをします。そして店の外を掃除し、さらには店のなかの掃除も一人ですべてやりきります。

さらに、キッチンスタッフが仕込みに入りやすい状態を整えて、それでもまだ時間が余るので、どうすれば日本一の店になるのかを考える時間にしたそうです。

まわりのスタッフたちは「どうせ続くわけがない」と、冷めた様子。

しかし赤塚元気の本気の行動は、ずっと続きます。


1か月たったころ、ついに一番否定的だった料理長が動きました。


**「俺も明日から店長と同じ時間に出勤する。**

**店長の思いは本気だ。**

**本気で日本一の店にしたいと思っている。**

**俺は、店長についていく」**


と。


そして、なんと全社員が早朝に出勤したのです。

1か月で彼の本気は伝わり、全員の気持ちがひとつになりました。

とはいえ、さすがにみんなが朝から出勤するのは負担になるということで、出勤は元の時間にしてもらったそうです。

ただ、赤塚元気だけは1年間、みんなよりも6時間早い出勤を続けました。

みんなの気持ちがひとつになり、売上も劇的に変化していきます。

**彼が店長になって3か月後には売上が1・5倍に。**

**そして半年後には2倍に。**

**さらに1年後には、なんと3倍の1800万円を売り上げる、とんでもない大繁盛店になったのです。**

その後、彼の店は居酒屋甲子園で日本一になり、全国で知られるようになっていきます。

経験があるかないかは関係ない。

リーダーの本気の思い、本気の行動で、本気のチームはつくれる。

そして、本気のチームになると、圧倒的な結果をつくることができるということです。

# 僕が「日本一」を目標にした日

目標達成のコツは、面白がること。

**・難しい目標＝面白い**
**・不可能な目標＝面白い**
**・ぶっ飛んだ目標＝面白い**
**・過去に前例がない目標＝面白い**

こう思えれば無敵です。
ワクワクする目標と出会うと、仕事が楽しくなります。
ワクワクする目標と出会うと、人はキラキラ輝きます。

**人が輝くチームをつくりたいときは、全員が心の底からワクワクする目標を持つことです。**


僕自身が、ワクワクする目標と出会えたきっかけの話をします。

そもそも、僕は「目標＝ワクワク」という概念がなかった人間です。

もともとは商社の営業マンでした。営業マン時代、目標は「達成しなければならないもの」であり、目標に対してワクワクするなんて考えたことも、感じたこともありませんでした。

**「目標＝ノルマ」であり、「目標＝恐怖」でした。**

目標に追われ、精神的におかしくなった僕は、1年で会社を辞めてしまいました。


そんな僕が、「人が輝く日本一のチームをつくる」というワクワクする目標に目覚めたのは、先ほども登場してもらった赤塚元気との出会いがきっかけでした。


当時の僕は25歳、赤塚元気は23歳でした。

僕が修行させてもらっていた会社の岡田社長が、赤塚元気の会社の社員さんに講演をすることになり、岡田社長のかばん持ちでついて行きました。

彼の店に近づくと、元気な挨拶の声が聞こえてきました。

店の外で朝礼をやっていたのですが、あまりの元気さ、一体感、本気さに圧倒されてしまいました。衝撃的でした。頭のてっぺんから足の爪先まで、雷が落ちました。

そこには、社員さんもアルバイトさんも、全員がキラキラ輝いている姿がありました。

本気のエネルギーがあふれていました。

講演を聴く姿勢も素晴らしく、講演が終わってからの質疑応答も全員が挙手をする積極性、そして、全員が本気で日本一の店にしたいという思いであふれていました。

**「こんなチーム、見たことがない……」**

自分の店のチーム状態と比べて、本当にショックでした。

圧倒的に負けていました。

**「絶対に負けたくない」**

**「俺も、こんなふうにみんながキラキラ輝いているチームをつくりたい」**

**「俺も人が輝く日本一の店をつくりたい」**

**「人が輝く日本一の店にして、俺が衝撃を受けたように、日本中の飲食店の人たちに衝撃を与えたい」**


これが、僕がワクワクする目標と出会ったきっかけでした。

本気で「日本一」という目標に出会えたことに、心の底からワクワクしました。


人との出会いは、夢との出会い。

赤塚元気という男と出会っていなかったら、僕は「日本一」という目標とは出会えていなかったと思います。

そして、目標を高く高く設定したことで行動の基準が変わり、学びの姿勢も変わり、成長のスピードも変わっていきました。


その日から20年。いまだにこの目標も思いも変わっていません。

居酒屋てっぺんは、日本中の飲食店の人たちが学びに来てくださる店になりました。そして、2006年には外食産業にもっとも影響を与えた人に贈られる「外食アワード」もいただきました。

講演家としても、日本一、人の心を元気にする講演を目指してやらせていただいています。

メンタルコーチとしても、高校野球界で日本一のメンタルコーチを目指しています。

**ワクワクする目標は、生きるエネルギーになります。**

**ワクワクする目標は、人を輝かせる源にもなります。**

**ワクワクする目標に、同じ波長の仲間が集まってきます。**

**そして、ワクワクする目標は、チームの可能性を引き出す力になります。**

どんな目標を設定するかが、チームに大きな影響を与えます。

そして、自分の人生にも大きな影響を及ぼします。

**目標こそが、元気の源になります。**

**目標の明瞭さこそが、パワーの源になります。**

**目標が明確であって、さらに、その目標に心の底からワクワクして初めて、望み通りの成果を手にできるのです。**

ワクワクする目標は、自分の可能性やチームの可能性を引き出す最高のアイテムです。

チームの可能性を最大限に引き出すには、限界突破しないと達成できないほどワクワクするぶっ飛んだ目標を立てることです。

目標を立てるのに大切なことは、自分だけでなく、チーム全員をその気にさせるスケールの大きさと、全力で挑戦したくなる魅力のある目標にすることです。

**最高の目標とは、「一見不可能なのに、それを達成したときのことを考えると興奮を抑えきれなくなる目標」のことです。**

チーム全員が目標にワクワクしたならば、必ずとんでもない奇跡と思えるような結果が起こるようになるでしょう。

「夢が叶うコツは、面白がることです。
夢って深刻さを嫌うんです。
深刻になっていると夢は自分から離れていきます。
この仲間と過ごす時間がすでに最高だよね。
そんなふうに、夢に向かうプロセスすべてを面白がれたら最強です。
夢の途中こそ、まさに夢のど真ん中ですから。
でも、夢を面白がっていると、夢は子犬のようにあなたについてくるんです」

『世界一ふざけた夢の叶え方』（フォレスト出版）より

# 夢を実現させたとき、誰が喜んでくれていますか？

「夢を実現するのに大切なことは何ですか？」と聞かれたら、僕は間髪いれず、

**「夢にワクワクする時間を増やすことです」**

と答えます。

では逆に、僕からも質問です。

**「あなたは、夢が実現したシーンを想像して、感動して泣いた**

**ことはありますか？」**

僕は、夢をいつも考えていると、どんどんリアルになってきて、本当に実現してしまったような気分になり、感極まって涙が出てくることがあります。

想像なのに、これまで支えてくれた人たちが泣いて喜んでくれて、ありがたく感じたり、感動して涙が出ることがあります。

**ここまで来ると、かなり最強イメージの状態です。このレベルまでイメージのなかで夢を実現させてしまえば、可能性を引き出す最強メンタルの状態と言えます。**

「涙が出る」というのは、夢が実現したことを本気で信じこめているからです。その状況を疑っていたら、涙は出てこないですから。

夢を実現するのに大切なことは、やり方ではなく「思いの強さ」であり、ワクワクのエネルギーです。

夢や目標に対して「やらなければいけない」というエネルギーでは、心が疲れてしまいます。モチベーションが長続きしません。

**よく「やる気を継続させるためには、どうすればいいのか」という質問がありますが、夢や**

**目標にワクワクしていれば、その悩みは解決します。**

だから「目標を達成したい」という気持ちを深め、強めていくことに尽きます。

ただし、無理やり夢や目標への思いを強めてもダメです。

心の底からワクワクするくらい、夢や目標への思いを深めていくことが大切です。

**どんな心で×何をするのか＝未来**

です。

本当にその夢や目標がワクワクするものになっていて、達成したくてたまらない目標であったなら、自発的に行動もするでしょう。さらに、苦しいときも乗り越えていけるエネルギーになります。


そして、いかに脳を「その気」にさせるかが大事です。

**脳科学的には「やる気」よりも、脳を「その気」にさせることが夢への近道になります。**

脳はパソコン10万台分の機能があるスーパーコンピュータなので、その脳に「できる」「やれる」をインプットすると、ものすごい力を発揮するようになります。

人間は月を見てロケットを開発したり、空を飛べると思った人たちが飛行機を開発したりしてきました。

人間の脳は「できる」「やれる」と〝その気〟になると、とんでもない力を発揮するのです。


**成功脳＝ワクワク脳＝達成のイメージ×達成の感情**（**喜び×感情**）

夢が実現したときに、どんな未来が待っているのか。

どんな成長があり、どんな嬉しいことがあるのか。

誰が泣いて喜んでくれるのか。誰が一緒に喜んでくれるのか。

その人たちは、どんな喜びの言葉を自分に言ってくれるのか。

社会にはどんな影響を与えるのか。

まわりからは、どんな称賛の言葉を言われるのか。

これらをイメージすることです。

北京オリンピックの女子ソフトボールの代表選手たちに、メンタルの研修をさせてもらったことがあります。そのときに聞いた話です。

**彼女たちは練習前と試合前にイメージトレーニングをするのですが、金メダルを取った瞬間ではなく〝金メダルを取った後〟をイメージするそうです。**

「誰が泣いて喜んでくれているのか」

「誰に泣いて感謝を伝えているのか」

「仲間とどんな喜びを分かち合っているのか」

試合前のロッカールームで、選手同士が輪になって手をつなぎ、優勝した後を涙ながらにイメージしていたのです。

ソフトボールができることへの感謝、ここまで支えてくれた人たちへの感謝……この感謝の心が、彼女たちの力を最大限に引き出し、金メダルへと導いてくれたのだと思います。

ちなみに、これは「**予祝ヒーローインタビュー**」と「**予祝日記**」という方法で使いこなすことができるようになります。僕もメンタル研修などでよく使わせていただきます。方法は次の項目から説明します。

## どんな心で×何をするのか＝結果（未来）

感謝の心は、力を発揮する最強メンタルの状態なのです。

これは、会社にも同じことが言えます。

とくに、リーダーの心が重要です。

リーダーが成功脳（ワクワク脳）になっているかで、結果が変わります。

リーダーが夢にワクワクしていて、そして仲間も夢や目標にワクワクしている状態で毎日の仕事ができたなら、結果は変わってきます。

そして、夢や目標が達成された先に「誰が泣いて喜んでくれているか」「誰に感謝を伝えているか」が明確になることで、夢への力は何倍にも増していくのです。

**喜び×感謝**は最強メンタルの状態です。

あなたは、誰を喜ばせたいですか？

ワーク!

## 誰を喜ばせたいですか?

| 名前 | 喜ばせたい理由 |
| --- | --- |
| ① | |
| ② | |
| ③ | |
| ④ | |
| ⑤ | |
| ⑥ | |
| ⑦ | |
| ⑧ | |
| ⑨ | |
| ⑩ | |

# 自分がヒーローになったイメージで「予祝ヒーローインタビュー」をしよう

先ほど軽くご紹介した「予祝ヒーローインタビュー」。
方法は簡単です。

**「願いが叶ったことが前提で仲間とインタビューし合う」**

これだけです。
ここではポイントを説明します。

予祝ヒーローインタビューのポイント

① **夢が叶った自分になりきり、喜びを深く味わいながらやること**
② **素直な心で、楽しみながら、気楽にやること**
③ **じっくり頭で考えるよりも、ノリを大切に、頭に思い浮かんだことをどんどん出まかせで答えていくこと**

そして、実際に予祝ヒーローインタビューをする前に、頭のなかだけでいいので、次の質問に答えてみてください。


**「あなたの仕事（プロジェクト）の成功とは何ですか？」**

**「この仕事をやろうと思ったそもそもの原点、動機は何ですか？」**

**「これまで仕事を通して得られた最大の感動体験は？　一番嬉しかったことは？」**

**「この仕事を通して得られる最大の学び、財産は何だと思いますか？」**

**「この仕事がさらに広がることで、どんな影響を社会に与えそうですか？　あなたが動くほど世界はどう変わっていきますか？」**

**「この仕事がどうなったら、鼻血が出るほど嬉しいですか？」**

※『予祝ドリームノート』（フォレスト出版）参照

さて、質問に答え終わったら、いよいよ予祝インタビューをやってみましょう。

ここでは例を挙げています。あなた自身に置き換えてイメージして、答えてみてください。

**【予祝ヒーローインタビュー】**

「おめでとうございます。2020年、過去最高の1年になったいま、どんな気持ちですか？」

「2020年、仕事もプライベートでもかなりいろいろなことがうまくいった1年だったと思いますが、具体的にどんなことがうまくいったのですか？」

「とくに嬉しかったことは何ですか？」

「なぜ、それを成し遂げようと思ったのですか？　その熱い思いを聞かせてください」

「それを成し遂げるまでにいろいろな行動をされてきたと思いますが、具体的にどんなことをされてきたのですか？」

「とくに、これが今回の達成の要因だったということは何ですか？」

「それを成し遂げるためにキーマンになった人は誰ですか？」

「この1年、困難もたくさんあったと思いますが、どんな困難があったのですか？」

「どうやって乗り越えてきたのですか？」

「その困難からいろいろな学びがあったと思いますが、どんなことを学ばれたのですか？」

「たいていの人はあきらめてしまうと思うのですが、どうしてあきらめなかったのですか？」

「この1年、ご自身はどんな成長をされたのですか？」

「2020年が過去最高の1年になったいま、一番喜んでくれた人はどなたですか？　また、その人からどんな言葉をいただきましたか？」

「いま、一番感謝を伝えたい人はどなたですか？」

「なぜ、その人に感謝を伝えたいのですか？」

「感動的な話をありがとうございます。2020年が過去最高の1年になったいま、来年はさらに、どんな素晴らしいことが起こると思いますか？」

## 「最後に、来年の挑戦を教えてください」

いかがでしたか？
そして、インタビューに答えたあとに、まとめとして思考を整理します。

インタビュー後のまとめ
**①　過去最高の1年にするための行動リストをまとめる**
**②　インタビューをして気づいたことをまとめる**

簡単ですよね。
予祝ヒーローインタビュー、ぜひやってみてください。

# 「予祝日記」を書いて、チームで達成のイメージと喜びを先取りする

僕がスポーツチームの研修に入らせてもらうときに、必ずやるのが「予祝日記」です。**達成したら鼻血が出るほど嬉しい場面をありありと想像してもらい、その日の日記を先取りで書いてもらうのです。**

先ほどの予祝ヒーローインタビューはインタビュー形式でしたが、こちらは日記のようなイメージで書いていきます。

高校野球の場合は、甲子園出場が決定したときの日記を書いてもらいます。

**とくに「誰が喜んでくれてるか」を想像しながら、感謝の気持ちで予祝日記を書くと、さら**

**に日記に思いが入ります。**

また、予祝ヒーローインタビューのあとに予祝日記を書くと、書きやすくなります。どれだけ思いを込めて書けるかが大切です。

**この日記は、毎日寝る前に読み返してみたり、仲間と共有するのもすごくいいです。映像にして、仲間と共有するのもいいでしょう。**

感情を込めて日記を読んだものを録音して毎日聴くと、潜在意識に入り、最高のイメージトレーニングになります。とくに寝る前10分間は脳のゴールデンタイムと呼ばれていて、寝る直前の感情やイメージを寝ている間にも反復する性質があるので、夢が叶ったイメージがより潜在意識に入る時間となります。

予祝日記を最大限に活かして、最高の未来をつくっていきましょう。

日記の形式は自由です。

では、さっそく予祝日記を書いてみましょう。

ワーク！

予祝日記を書いてみよう！

## 仲間たちから大嶋啓介への質問コーナー

質問

「どうすれば、夢への情熱が100％になりますか？　また、どうすればワクワクする夢が見つかりますか？」

回答

夢へのワクワク度、情熱度を100％にする方法は、

「ぶっ飛んだ夢を持つ」

といいでしょう。

心の底からワクワクする夢、何がなんでも叶えたい夢、鼻血が出るほどぶっ飛んだ夢が見つかると、夢へのワクワク度、情熱度が急上昇します。

では、どうすれば、そんなワクワクする夢が見つかるのか？

人との出会いです。

「人との出会いは、夢との出会い」です。日本中、世界中には夢や志に輝いてるリーダーがたくさんいますので、たくさん会いに行くといいです。


僕も20代のときは、夢を実現されてる経営者の方にひたすら会いに行きました。

そして、たくさん質問してきました。

「いまの夢は何ですか？」

「なぜ、その夢を持ったのですか？」

「叶ったなかで、一番嬉しかった夢は何ですか？」

「どうすれば夢が叶いますか？」

「この人の夢はすごい！　と思った人はいますか？　それは、どんな夢でしたか？」
などなど。

夢を叶えてきた人たちって本当に輝いていて、カッコよくて、そのうち「自分もこんな夢に輝いてる大人になりたい」と思うようになっていきました。
「自分も世界に挑戦してみたい」とか「業界に影響を与える男になりたい」とか「子どもたちに夢を与える大人になりたい」というのが夢になっていきました。

人との出会いは、夢との出会い。夢や志に輝いて生きているカッコいいリーダーに会って、たくさん刺激をもらうといいですよ。

第2章の最後におまけ。夢の十か条をプレゼントします。

## 夢の十か条

**第一条**　夢は、自分がどのような状況であっても、自由に描くことができる

**第二条**　すごいことだけが夢ではない。身近で些細なことでも、素晴らしい夢がたくさんある

**第三条**　夢を描くときは、できるかできないかを考えないこと

**第四条**　夢は、雰囲気を感じるほどまで明確にすること

**第五条**　まわりの人や社会に役立つ夢を持つ

**第六条**　夢は、同時にいくつでも持つことができる

**第七条**　常に、いま目指している夢を、ひとつ以上は持っていること

**第八条**　その夢を考えると、ワクワクすること

**第九条**　夢とは、どんな困難を乗り越えても、達成したいものであること

**第十条**　行動してこそ夢。行動の伴わないものは、幻である

福島正伸先生の資料より

# 第2章のまとめ

「この章で気づいたこと、感じたことを書き込んでみましょう。わいてきた直感が大事なので、自由に書き込んでみてください」

第3章

# 部下の可能性を引き出す究極のリーダーになる方法

# わかり合えない部下がいたら、興奮する!?

部下の可能性を引き出す究極のリーダーとは、どんな人だと思いますか？

どうすれば、部下の可能性を引き出せると思いますか？

部下の可能性を引き出すのに何が大切なのかを、ひとつだけ挙げるとしたら？

もうおわかりですね。

そう、**ワクワクしていること**です。

リーダーが、**部下の可能性にワクワクしている**かどうかです。

あなたはいま、すべての部下の可能性にワクワクしていますか？　それとも……？

この章では、部下の可能性を引き出すリーダーの「あり方」について、学んでいきたいと思います。

では早速ですが、スペシャルな質問からいきたいと思います。

次の4人の部下に対し、あなたなら、どうしますか？

頭のなかでいいので、答えてみてください。

**A：何度同じことを言ってもわかってくれない部下がいます。あなたなら、どうしますか？**

**B：仕事にまったくやる気のない部下がいます。あなたなら、どうしますか？**

**C：頭の回転は速いが、できない言い訳を並べて、すぐに仕事を投げ出してしまう部下がいます。あなたなら、どうしますか？**

**D：陰でリーダーであるあなたの悪口ばかりを言っている部下がいます。あなたなら、どうしますか？**

これは僕が尊敬するコンサルタントの福島正伸先生から学ばせていただいたのですが、この質問に対する福島先生の回答は、かなりぶっ飛んでいました。

福島先生は、Ａ～Ｄの部下に対して、すべて同じ回答だったのです。

何度言ってもわかってくれない部下、やる気のない部下、できない理由ばかり言う部下、陰口を言っている部下に対して、福島先生の回答は、

## 「興奮する！」

でした。意味がわからないですよね。

なぜ福島先生は、「興奮する」と答えたと思いますか？

**福島先生は、すべての部下に可能性があると思っているからです。**

「わかり合えない部下はいない」「どんな人とでも必ず最高の人間関係になれる」と、思っているのです。

「**1年後には、やる気になって、お互いが理解し合えて、最高の人間関係になっている。そん**

**な未来になるのがわかっているから」**

福島先生には、どんな問題も、それを解決している未来しか見えていないんです。**相手がどんなにやる気がなくても関係ありません。むしろ最悪の関係であればあるほど、最高の関係になることを想像すると興奮してしまうのです。**

究極のリーダーは、根本的なモノの見方、考え方が違うことに気づかされました。

**やる気のない人はいない。ダメな部下はいない。**
**どんな部下も可能性はある。どんな部下もわかり合える。**
**どんな部下も最高の関係になれる。**

部下の可能性を引き出す究極のリーダーとは、部下の可能性を心の底から信じていて、なおかつ部下の可能性にワクワクしている人。

あなたは、部下の可能性にワクワクしていますか？　部下とどんな関係になりたいですか？

# ダメな部下なんていない、リーダーの視点がダメなだけだ

「部下の可能性を引き出すリーダーのたった1つの条件は、部下の可能性にワクワクしていることだ」

「あなたの『見方』ひとつで、部下の可能性は、引き出せる」

突然ですが、この絵を見てください。
何に見えますか？

何に見えますか？

草原を颯爽と走るあの動物かな…？

ほとんどの人は「**馬**」と答えます。

何気なく見てると、たしかに馬にしか見えてこない。

しかし、視点を変えると「**カエル**」が見えてきます。


何が言いたいかというと、部下に対しても同じだということです。

**何気なく見ていると、あるー点のみ、とくにダメなところばかりが見えてしまいます。**

**人間の脳は、欠点のほうがよく見えてしまう性質があるからです。**

**すると、欠点ばかりが気になり、部下に対して良いイメージが持てず「あいつは、ああいうところがあるからダメだな」と、なってしまいます。**

部下もダメなところばかり指摘されると、認めてもらえないことから、やる気が薄れ、不平不満を抱くようになります。


リーダーが、意識して視点を変えることが大切です。

意識して視点を変える。

意識して部下の良いところを見るのです。

**部下の良いところを意識すると、どんどん良いところが見えてきます。**

**すると、部下に対する印象も変わり、部下に対する見方も変わります。**

**部下も認めてもらえることが嬉しくて、リーダーを信頼するようになります。**


人間関係も良くなり、部下もさらにやる気になっていきます。

リーダーの視点が変われば、部下のやる気も人間関係も変わってくるのです。


野球界のレジェンドの長嶋茂雄さんは「人を伸ばす天才」と呼ばれていたそうです。

それがわかる面白いエピソードがあります。

長嶋さんとある人が、プロ野球オールスター戦の解説をしていたときの話です。

あるバッターがヒットを打ち、一塁を蹴って二塁を狙ったが、アウトになってしまった。

それを見た解説者は「あの走塁は誰が見ても無謀だ。長嶋さん、どう思いますか？」と聞きました。

そこで長嶋さんは、

**「いや〜素晴らしい走塁ですね〜。勇気がある。勇敢だぁ。あの選手は伸びるよ」**

と答えました。

「……」

長島さんに同意を求めた解説者は、沈黙してしまいました。
やはり、人を伸ばすリーダーの視点は違いますね。

高校野球の監督や企業の経営者には、リーダーとしての視点を変えるために「**部下や選手の良いところを見つけて書くノート**」をつくることをおすすめしています。
ある高校野球の監督さんは、それまでは選手のダメなところしか見えてこなくて、いつもイライラして叱り飛ばしていました。

**そこで僕は、選手に対する視点を変えるために「選手の良いところを書くノート」を提案しました。**

最初はなかなか書けなかったのですが、意識して良いところを見るようにしたら、どんどん書けるようになったそうです。選手にも良いところを伝えるようになりました。

**「お前は一番声を出して、チームの空気を変えようとしてくれている。お前の存在は本当に大きい」**

**「お前のあのときの全力のプレーが、チーム全体の空気を変えてくれた」**

などなど。

すると、選手たちのモチベーションが変わり、伸びなかった選手が驚くほど伸びたそうです。

そしてチームの空気も変わりました。
監督も、

**「選手たちの空気が本当に変わった。
いままで何十年と野球をしてきたが、
こんなにも野球が楽しいのは初めての経験だ」**

と、言われていました。
そして、実際にその年、甲子園出場の夢も実現されたのです。
リーダーの視点が変われば、選手の心が変わり、チームの空気も変わる。
チームの空気が変われば、選手の力も変わり、夢が実現していくのです。

# 選手の能力を発揮させる名監督のあり方とは？

## 「ほめる達人は、人を伸ばす達人」

僕はいつもメルマガを書いているのですが、こういう質問をいただきました。

**「中学生の野球部の監督をやらせていただいています。**
**選手のポテンシャルはあるのですが、**
**なかなか試合で力を発揮させてやれていません。**

**試合になるとミスが連発します。**

**大嶋さんはメンタルコーチとしても、活躍をされてると聞きました。**

**試合で選手たちが力を発揮するためには、どうすればいいですか？」**


実際に解答したものを共有します。


「全国の監督と関わらせていただいていますが、本当に熱い方々ばかりです。

選手のことを本気で思われています。

ですので遠慮せずに、おもいっきり言いたい放題書かせていただきたいと思います。

**選手が試合で力を発揮できるかどうかは、選手のメンタルがすごく重要です。**

**でも、じつは選手のメンタルよりも大事なのは監督のメンタルなんです。**

なぜなら、監督のメンタルはベンチの雰囲気に影響を与え、選手のメンタルに影響を与えるからです。

監督の采配よりも、監督のメンタルや監督の空気がゲームを決めると思っています。

思い通りにならないとイライラしてしまう監督。

思い通りにならないと不機嫌が顔に出てしまう監督。

思い通りにならないときも、選手の気分を上げる魔法の言葉をかける監督。

思い通りにならないときに、

『勝ちパターンがきた！　面白くなってきた！』

と、逆に楽しんでいる監督。

選手一人ひとりに気分が上がる言葉を準備して、選手の力を最大限に引き出している監督。


言葉の力って、すごいんです。

トミー・ラソーダという方をご存じですか？

メジャーリーグの伝説の監督です。

20世紀最高の監督と呼ばれ、『トミー・ラソーダ賞』という、各年の最高の監督に対して贈られる賞ができたくらいの伝説の監督です。


なぜ、トミー・ラソーダがそんなにすごい監督だったのか。

それは、

## ほめ上手だった

のです。
たとえば、マイクという選手がヒットを打ちます。
すると監督は、
**『オーケー、ナイスだぞ！　マイク！』**
と言って、ほめます。
このとき、マイクの表情や仕草をよーく観察して、あまり反応していなかったら、
**〝マイクは『オーケー、ナイスだぞ！』には反応しない〟**
とメモる。
次にマイクがヒットを打ったとき、

**『マイク、お前のバットはマシンガンだな！』**


と言ってほめ、マイクをよーく観察し、マイクが嬉しそうな反応をしていたら、

〝**『お前のバットはマシンガンだな！』** はマイクにウケる！〟

とメモる。


この繰り返しで、すべての選手のことを、選手がほめられたい言葉でほめていたんです。

すごいですよね。

一人ひとりの選手に対して、ほめられたい言葉でほめてあげる。

ほめる達人は、人を伸ばす達人なのです」


さあ、あなたは、部下のほめ方を考えていますか？

# 誰もが、いまの3万倍の可能性を秘めている

あなたは、すべての部下の可能性にワクワクしていますか？
それとも「こいつは無理だな」と思う部下もいますか？

あなたは、自分の子どもの可能性にワクワクしていますか？
それとも、子どもの未来に不安を感じていますか？

あなたは、自分の可能性にワクワクしていますか？
それとも、自分にはそれほど可能性があるとは思えていませんか？

何度も言いますが、部下の可能性を引き出す究極のリーダーは、部下の可能性にワクワクしています。たとえ、いま仕事が伸び悩んでいたとしても、

**「お前は、〇〇なところが素晴らしい。お前のこれからの成長が本当に楽しみだな」**

と、部下の未来にワクワクしているのです。

すると部下も、リーダーが言ってくれたことが嬉しくて「その気」になってきます。

**この「その気」になることが、可能性の扉になるのです。**

僕は、年間約100校の学校で講演させていただいています。

**子どもたちに「自分にはできる可能性がある」ということに気づいてもらいたいからです。**

いま、日本の子どもたちは、世界で一番自己肯定感が低いと言われています。

「自分はダメな人間」「自分にはできない」「どうせ無理に決まってる」と、やる前からあきらめて、自分の可能性にフタをしています。本当はできる力があるのに。本当は可能性のない人はいないのに。本当はダメな人間なんていないのに……。

そんな子どもたちに「自分にも可能性がある」ということに気づいてもらいたい。そして先

生やご両親にも、子どもたちの可能性に気づいてもらいたい。そんな思いで学校講演をさせていただいています。

そもそも「人間の可能性とは、どれくらい眠ってるものなのか」をご存じでしょうか？
**可能性とは、未来の力。これからできるようになる能力のこと。**
よく「人間には無限の可能性がある」と言われています。
人間の能力は、2つに分けることができます。

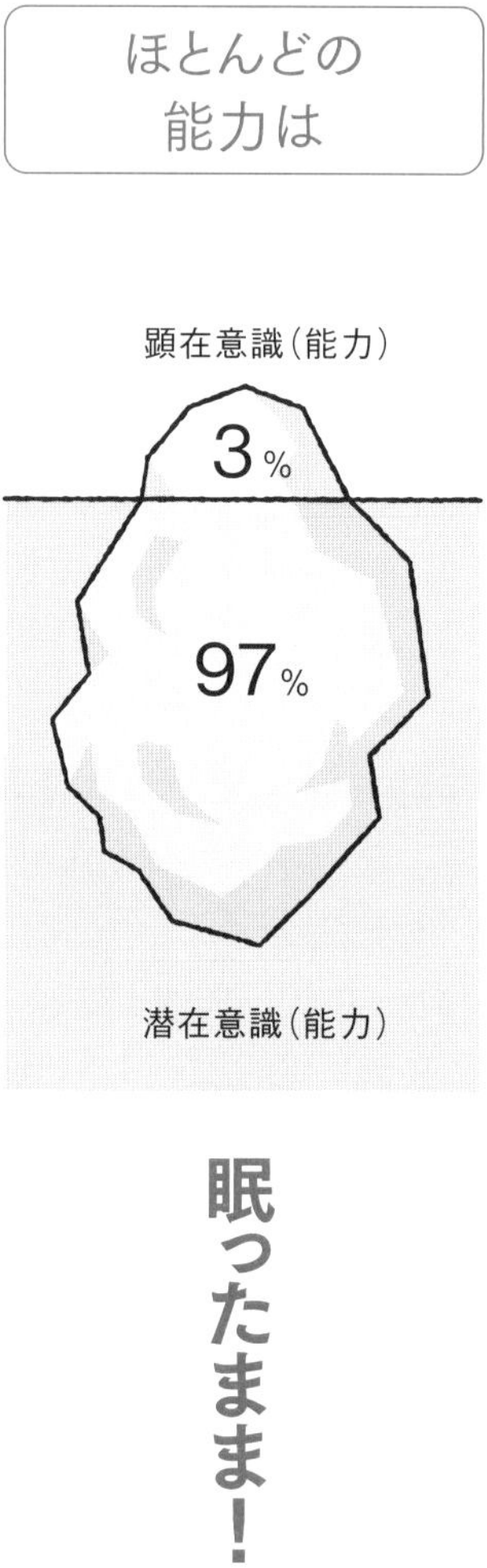

このイラストのように、顕在能力と潜在能力の2つの能力があります。

顕在能力とは「いま発揮されてる能力」「いまできている能力」のことで、それに対して潜在能力とは「まだ発揮されていないこれからの能力」のことです。

僕たちの顕在能力は氷山の一角のようなもので、全体の3％ほどしか発揮されていないと、よく言われています。

**すなわち、まだ発揮されていない潜在能力は97％も眠っている、ということです。**

世界No・1コーチと言われているアメリカのアンソニー・ロビンズは、

## 「人間の可能性は、いまの力の3万倍は、少なくとも眠っている」

と言います。

……3万倍!?

いまの3万倍も、未来の力、これからできるようになる能力や才能が眠っているのです。

そう考えると、いまが限界なんてあり得ない。

大人も子どもも、とんでもない可能性が眠っているのです。

あなたは、自分の可能性がいまの3万倍あることを信じられますか？
部下の可能性が、3万倍あることを信じられますか？
子どもの可能性が、3万倍あることを信じられますか？

ちなみに僕は、自分の可能性を信じられなかった人間です。

**「可能性が3万倍と言われても、そんなの信じられるわけがない。**
**俺はいままで、野球も中途半端にあきらめてきたし、高校受験も挫折したし、**
**仕事もうつ病になって、1年で辞めてしまったし……。**
**うまくいかなかったことばかりなのに、**
**可能性を信じろっていうほうが無理やろ」**

と、思っていました。

でも、そのときに聞いたケンタッキー・フライド・チキンをつくったカーネル・サンダースおじさんの話に衝撃を受けました。

有名な話ですが、あなたはカーネルおじさんがケンタッキー・フライド・チキンを創業したのが何歳のときかご存じですか？　なんと、なんと、なんと……

**65歳**

です。

**しかも、2回も倒産をした後に、です。**

ガソリンスタンドの経営に失敗して、レストランの経営もダメでした。

2回も倒産していたら、僕だったら「もうダメだ」と思っているはずです。

それでも、カーネルおじさんは「人生は、これからだ！」と、65歳からケンタッキー・フライド・チキンを創業し、なんと6000店舗も世界中に出店されていくんです。

カーネルおじさん、ヤバくないですか？

僕は、衝撃を受けました。

当時の僕は24歳で、うつで仕事を辞め、完全に自分の可能性にフタをしていました。

「自分はダメな人間」

「どうせ無理」

「人生、終わった」

そう思っていました。

でも、カーネルおじさんの話を聞いて、目が覚める思いでした。


**「65歳からでも、人生は面白くできる。**

**2回も倒産していても、人生は面白くできる。**

**まだまだ人生は、これからだ」**


僕自身、自分の可能性に目覚める大きなきっかけになりました。

一度しかない人生、自分の可能性にフタをする人生にはしたくない。

65歳になったとき、カーネルおじさんのように自分の可能性にワクワクしていたい。

65歳になったとき、孫から、

**「じいちゃん、すげえ！　まだ挑戦してるの!?」**

と、言われて、

**「そうだよ！　65歳から人生はさらに面白くなるんだよ！」**

と、言ってやりたい。

自分の子どもたちや、これから生まれてくる未来の子どもたちに、可能性にワクワクしながら挑戦している姿を見せてやりたい。心からそう思っています。

可能性のない人なんていない。
誰もが3万倍の可能性がある。
あなたにも、あなたの部下にも、いまの3万倍の可能性が眠っているのです。

# あなたの脳は、スーパーコンピュータよりすごい

## 「可能性のない人はいない。ダメな人はいない。究極のリーダーは、部下の可能性にワクワクしている」

別の角度からも、人間にはすごい能力があるということを伝えさせてください。

僕は、さまざまなセミナーや研修や講演に参加してきたのですが、そのなかでも脳科学との出会い、西田文郎先生との出会いは衝撃的でした。

西田先生は、数々のアスリートや経営者の可能性を引き出されてきた、超一流の方です。

心理学だけでなく大脳生理学の視点から、どうすれば人間の潜在能力を引き出せるのかを研

究されてきた先生で、西田先生のSBT（スーパーブレイントレーニング）を受けたアスリートは圧倒的な結果を出せるようになっていきます。

僕もその一人で、僕のメンタルトレーニングは西田先生のSBTの学びによるところが大きいです。

人間の脳には、いかに素晴らしい能力や機能があるのか。

人生で成功する人としない人の違いは何なのか。

どうすれば可能性が開花し、潜在能力が引き出されていくのか。

人間の脳は、スーパーコンピュータ以上に計り知れない力があります。

パソコンが10万台つながっても人間の脳には敵わないくらいの、ものすごい機能や能力を持っています。

**人間の脳はこの100年ほどでロケットを開発したり、飛行機をつくったり、パソコンやテレビ、携帯電話、AIロボットなど、とんでもないものを開発してきました。人間の脳は不可能を可能にする力を持っています。**

なかでも僕が一番驚いたのは、**「東大に合格するような天才の脳と、勉強が苦手な人の脳の能力や機能は、じつはまったく変わらない」**ということです。

ロケットや飛行機をつくってしまう人だけが、生まれながらに特別な脳を持っているわけではないということなんです。

ソフトバンクの孫社長のように大成功している人も、仕事がまったくうまくいっていない人も、脳の能力や機能には差がないのです。

信じられますか？

僕は正直「そんなわけないやろ」と思っていました。

生まれながらに頭が良い人は頭が良くて、ダメな人はダメなんだと思っていました。

しかし、西田先生は、

**「自宅の電話番号を暗記できる脳を持っていれば、誰もが大成功する力を持っている」**

と、言われています。

誰もが優秀な脳を持っている。
誰もが不可能を可能にできる脳を持っている。
誰もが3万倍の可能性を持っている。

それなのに、なぜ人生でうまくいく人といかない人がいるのでしょうか？
なぜ、夢を叶えていく人と、夢が叶わない人がいるのでしょうか？
なぜ、伸びる選手と、伸びない選手がいるのでしょうか？
なぜ、可能性が開花していく人と、可能性を開花させられない人がいるのでしょうか？

その理由については、次の項目で見ていきましょう。

# うまくいく人といかない人の違いは、1つだけ

誰もが可能性は3万倍あるのに、誰もが優秀な脳を持っているのに、なぜ人生でうまくいく人といかない人がいるのか？

なぜ、理想を現実にする人と、理想が現実にならない人がいるのか？

なぜ、夢が叶う人と叶わない人がいるのか？

なぜ、勉強でも成績が上がる人と上がらない人がいるのか？

なぜ、スポーツでも伸びる選手と伸びない選手がいるのか？

なぜ、人生を面白くできる人と、面白くできない人がいるのか？

人生でうまくいく人といかない人の決定的な違いは、ずばり……

## 思い込みの差

だけです。

「自分の脳で、どんな思い込みをしてきたか」なんです。

「できる」と思い込んできたのか、「できない」と思い込んできたのか。

**人間の脳はものすごい力があるので、「思い込み」を実現してしまうのです。**

「ダメだ」と思い込めば、ダメを実現してしまう。

「どうせやっても無理だ」と脳が思い込んでいれば、「どうせ無理だ」の結果を実現する。

誰もが優秀な脳を持っているのにダメになってしまうのは、自分のことをダメだと思い込んできたからです。

理想が現実にならないのは、理想は現実にならないと思い込んできたからです。

伸びないのは、自分が伸びないと思い込んでしまったからです。


リーダーの思い込みは、部下に影響を与えます。

リーダーが部下のことをダメなやつだ、と思い込めば部下はダメになります。

**逆に、部下の可能性を伸ばしているリーダーは、部下には可能性があると「思い込んできた」から、可能性の扉が開かれるのです。**


思い込みが現実をつくることを証明する、「ピグマリオン効果」というものがあります。

「ピグマリオン効果」は、教師の期待によって学習者の成績が向上することを証明したものです。実際に1964年に、サンフランシスコの小学校でおこなわれた実験があるので、概要だけご紹介します。


成績順で2つのクラスに分けました。

ひとつは、成績が優秀なクラス。

もうひとつは、成績が良くないクラス。

半年間、同じ先生が同じように授業をすると、半年後にどうなったか？

なんと成績が優秀なクラスはさらに成績が上がり、成績が良くないクラスは、さらに成績が下がってしまったのです。

**しかし、じつはこの2つのクラス、成績順ではなく均等に分けられていただけでした。先生だけに「優秀なクラス」と「成績が良くないクラス」だと思い込ませていたのです。**

先生の思い込みが、現実をつくることを証明した実験でした。


このようにリーダーの思い込みで、部下を伸ばすこともダメにすることもできてしまうのです。だから、リーダーの思い込みが変われば現実も変わるのです。


僕は、この話をよくスポーツの監督に話します。

監督も悪気があるわけではないのですが、監督自身の過去の経験から、選手の能力を見極めていきます。選手の現状を見て、

「こいつは伸びる。あいつは伸びない」

「こいつはいける。あいつはダメだ」

と、思い込んでしまいます。

すると、本当にそれ以上伸びなくなるのです。

でも、選手の能力をグングン伸ばす監督は、選手の可能性を見ています。

現状がどんなにひどかったとしても、

**「お前は絶対に伸びる。俺はお前の可能性が楽しみでたまらん。お前は必ず大成する。だから、いまは自分の可能性を信じてやればいい」**


そうやって、選手をその気にさせていくのです。

監督の思い込みが、現実をつくります。

監督の思い込みが変われば、結果は変わります。

あなたは、部下に対してどんな思い込みをしてきましたか？

# 「思い込み」は6歳までに85%つくられる

ひとつ「思い込み」について考えるのに良い問題があるので、やってみてください。

**【問題】**

「『完ぺき』の『ぺき』という漢字を書いてみてください」

**辟**
**□**
**↑ここには何が入りますか？**

【正解】

# 完璧

意外にも多くの人が間違えたのではないでしょうか？

**下の部分は「土」ではなく「玉」です。**

講演で、完ぺきの「ぺき」を書いてもらうと、7割の人が間違います。

「壁」……つまり下の部分が「土」だと思い込んでいるのです。

こうやって「自分は正しい」と思い込んでいることで、じつは間違えていることはたくさんあります。

もうひとつ問題です。

**【問題】**

**メリーさんのひつじ、「　　　」「　　　」♪**

**この「」に入る歌詞、わかりますか？**

【正解】

メリーさんのひつじ、

「メーメー」

「ひつじ」♪

これは9割の人が間違えます。
ほとんどの人は、
**メリーさんのひつじ、「ひつじ」「ひつじ」♪**
と間違えて思い込んでいるのです。

普段の思い込みも同じです。

**自分に対しても、本当はできる力があるのに「できるわけがない」「無理だ」と間違った思い込みをしているのです。**

可能性のない人なんていないのに、まだまだやれる力があるのに、こうやって可能性にフタをしてしまうのです。

あなたは今日まで、自分のことでどんな「思い込み」をしてきましたか？

チェックしてみましょう。

**（1）「ポジティブ」「ネガティブ」どちらだと思い込んできましたか？**
**（2）「素直」「頑固」どちらだと思い込んできましたか？**

**（3）「私は頭が良いから、成績はこれからどんどん上がる」「成績が上がるとは思えない」どちらだと思い込んできましたか？**

**（4）「すべての部下には可能性がある」「正直、ダメなやつはダメだろ」どちらだと思い込んできましたか？**

**（5）「人生はこれから面白くなる」「そう簡単に面白くなるとは思えない」どちらだと思い込んできましたか？**

これらもすべて、過去の経験によって自分で勝手につくった思い込みです。

では（1）で「ネガティブ」だと思い込んできた人に質問です。

「**生まれながらにネガティブな赤ちゃんって、いると思いますか？**」

もしネガティブな赤ちゃんがいるとしたら、歩けるようになる前にあきらめますよね。何度も転ぶうちに「俺、歩くの無理だわ」と、あきらめますよね。

赤ちゃんは立てるようになるまでに、何度も転びます。歩けるようになるまでに、何度も何度も転びます。それでも起き上がってきました。何度も立ち上がってきました。

そして、歩けるようになってきました。

あきらめなかったから、歩けるようになったのです。

めちゃくちゃポジティブですよね。

**このように、人間は本来ポジティブなんです。しかし、これまでの経験や体験で「自分はネガティブだ」と思い込んでしまった、何かの出来事があったのです。**

「メリーさんのひつじ」を間違えて思い込んでしまうのと同じです。

人は、過去の経験や体験によって、自分で自分のことを思い込んでしまいます。

「自分には無理」

「自分はできない」

「自分のレベルはこれくらいだ」

「これ以上は無理だ」

すべての「思い込み」は、過去の経験や体験からつくられてしまうのです。

人間だけでなく、動物もまた思い込みによって可能性にフタをします。

本当に動けないのではなく…

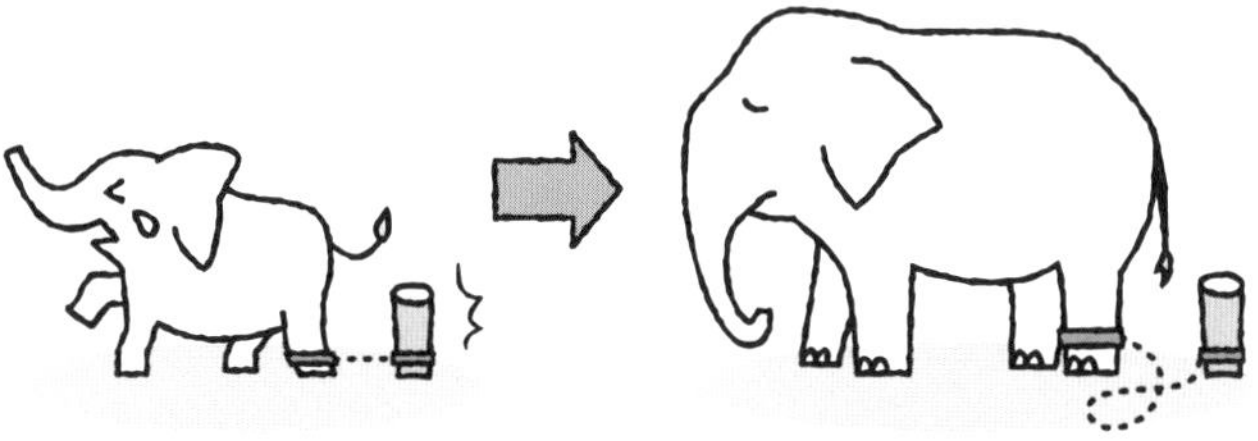

# 「動けない」と思い込んでいるだけ！

サーカスの象の話を聞いたことがありますか？

サーカスの象は子どものころ、足に鎖をつけて、逃げないように動けなくされます。

子どもの象は何度も鎖を引っ張って逃げ出そうとしますが、動けません。

そのうち、子どもの象は「鎖＝動けない」と思い込み、鎖をつけられると引っ張ることをやめてしまいます。

こうやって育てられた象は、大きくなっても鎖をつけられると動けないと思い込んでいるので、おとなしくなるのです。

**鎖は土に軽く打ち込んでるだけなので、大人の象であれば簡単に外すことができるのに、動こうとしなくなるのです。**

本当はできる力があるのに、できないと思い込んでしまう。

人間も同じです。本当はできる力があるのに、過去の経験や体験によって、できないと思い込んでしまうのです。

あなたも象のように、本当はできるのに動けないと思い込んでいませんか？

僕にイメージトレーニングを教えてくれた尾崎里美さんは、

**「6歳までに、85%の思い込みがつくられる」**


と、教えてくれました。

たとえばお母さんが、

**「この子は、人見知りなんです」**

と言い続けたら、その子は自分のことを人見知りだと思ってしまい、本当に人見知りになってしまいます。

## 「あなたは、何をやっても中途半端な子」

と言われてきた子どもは、「自分は中途半端」と思い込むようになります。

こうやって、お母さんやお父さんの言葉によって思い込みをつくってしまいます。


どんな思い込みをつくってきたか。

思い込みは、過去の経験や誰かの言葉などで、勝手にできたものです。

本当は、可能性のない人はいないのです。

本当は、ダメな人なんていないのです。

ただ、そう思い込んできたから、そうなってしまっていたのです。


**人間の脳は、良くも悪くも、思い込みを実現する力を持っています。**

**だから、思い込みが変われば、人生は変わります。**

これまでの思い込みは、これまでの過去の経験や体験でつくられたもの。ならば、これからの経験や体験で思い込みは変えられるということです。

**まずは、自分がどんな思い込みをつくってきたかを知ることです。そして、その思い込みは過去の経験によって自分で勝手につくってきたものだと理解するのです。**

**そして、その思い込みが間違いだと気づいたときに可能性の扉が開いてきます。**

部下の可能性を伸ばしている究極のリーダーは、すべての部下には可能性があると心底思い込んでいます。そして、部下の可能性にワクワクしているから、部下はその気になり、部下の可能性の扉が開かれるのです。

**リーダーの思い込みが、未来をつくります。**
**リーダーの思い込みで、部下は伸びます。**
リーダーの思い込みが変われば、部下の可能性もチームの可能性も劇的に変わるのです。

# 思い込みを変えて可能性を信じれば、すべてが変わる

僕は講演で、居酒屋てっぺんのメンバーの事例を話すことがあります。やる気のなかった男が自分の可能性に気づき、人生が変わり、いまでは8店舗を経営する最高のリーダーになった……そんな事例を紹介します。

彼は最初まったくやる気を感じられず、僕は彼を辞めさせようとしました。

**「やる気のないヤツはいらない。お前みたいなやる気がないヤツがいると、店の空気が悪くなる。いますぐ帰れ」**

そのとき店長を任せていた徳田が、僕に言ってくれたこと。

**「彼は変われます。彼の可能性を見てやってください。僕が店長なので、僕に彼を育てるチャンスをください」**


目が覚める思いでした。

僕は、彼のダメなところばかり見て「こいつは無理だ」と決めつけていました。

部下の可能性にフタをするリーダーでした。

そこから彼はみるみる成長していき、2年後には、てっぺんの店長を任せるまでになりました。そして、いまでは新宿を中心に8店舗の繁盛店をつくる最高の経営者になっています。


人間の可能性は3万倍。可能性のない人はいない。

リーダーの見方が変われば、部下は変わる。

リーダーの思い込みが変われば部下の未来は変わる。そんな体験をさせていただいたのです。

もうひとつ、僕が講演でよく話す感動の実話をご紹介します。

小学校5年生の男の子が、先生との出会いで人生を劇的に変えていく話です。

『心に響く小さな5つの物語』（藤尾秀昭・文／片岡鶴太郎・画／致知出版社）に掲載されているお話なのですが、ここでは概要だけお伝えします。


その男の子は勉強についていけず、授業中に一度も手を挙げたことがなく、いつも居眠りをしていました。

先生も最初は、なんとかしようとがんばります。

でも、そのうち「この子には無理だ」と、あきらめそうになります。

そんなあるとき、たまたまその男の子の昔の成績表を目にします。
そこには、1年生のときは成績も優秀だったこと、
3年生のときにお母さんが病気で亡くなったこと、
そこから、お父さんがアルコール依存症になってしまい、
子どもに暴力をふるうようになったこと……などが書かれていました。

**それを見た先生は、「この子はダメな子なんかではなかった」と気づきました。**

そして、男の子への見方が変わり、接し方が変わります。
先生が学校で残るときに、
その男の子も一緒に残って復習をしたり、勉強をしていくようになります。
すると、その男の子は授業で手を挙げるようになり、成績もどんどん上がりました。
そして、その男の子は立派なお医者さんになったのです。

僕は講演などでこの話をさせていただくのですが、この話を涙とともに聞かれていたのが、
高校野球の輿石監督です。

輿石監督は31年間、甲子園出場を夢見てがんばってきました。

しかし、一度も甲子園出場を果たしたことはありませんでした。

選手の可能性を信じきれていなかった31年間だったそうです。

でも、このとき輿石監督は深く気づかれたそうです。

「俺は、いままで間違っていた。
自分が選手を信じる気持ちが足りなかっただけなんだ。
選手に『なんでお前はできないんだ！　変われ！　変われ！』と怒って、
厳しく指導してきたけど、
一番変わらなきゃいけなかったのは、自分だったんだ」

自分が選手を信じる気持ちが足りていなかった。
選手の可能性を見てあげられていなかった。
間違っていたのは自分だったと気づいた輿石監督は、次の日に選手全員を集めて、選手たちに謝ったそうです。

「みんなの可能性にフタをしていたのは、俺だった！」

「いままで口癖のように、

**『なんでお前ら変わらないんだ』と選手たちに言ってきました。**

**変わらなきゃいけないのは俺だった。**

**選手たちに謝った瞬間、自然と涙があふれ、選手たちも泣いていた。**

**そこから、チームが変わっていきました」**


監督という立場の人が自分から謝るのは、なかなかできることじゃないと思います。

気持ちを新たにした輿石監督は、新天地、秋田の明桜高校で、選手一人ひとりの可能性を信じる指導をされました。


**そして、32年間の悲願だった甲子園出場を果たされたのです。**


リーダーの信じる力が、奇跡の扉を開く。リーダーの思い込みが変われば、選手は伸びる。

あなたは、仲間の可能性を信じていますか？

あなたは、仲間の可能性にワクワクしていますか？

# リーダーの「感謝の手紙」が、チームに奇跡を起こす

奥石監督が甲子園の夢を実現されたとき、夏の大会前に、選手に対して本気の手紙を書かれました。その手紙を映像にして、大会前に選手に見せました。

選手たちは、監督の熱い思いに涙したそうです。

**その手紙の内容は、一人ひとりがどんな成長をして、これからの試合でどんな活躍をしたかを予祝する内容だったのです。**

しかも、その予祝の活躍が7割近くそのまま本当に現実になり、甲子園の夢を実現していったのです。

そんな奥石監督の手紙をご紹介させていただきます。

# 監督から選手への手紙

**岩城圭悟**

投手のリード、肩、素晴らしい成長でした。あの右中間三塁打は完璧でした。優勝は、岩城の成長の賜物です。おめでとう。

**祝 第99回 全国高等学校選手権秋田県大会優勝**

甲子園出場おめでとう。本当によく頑張りました。これは、先生からの感謝を込めたプレゼントです。

**早川集喜**

キャプテンとして、本当によく頑張りました。いろいろ大変だったな。良く全体をまとめて素晴らしいキャプテンでした。優勝できたのは集喜のおかげです。あの左中間三塁打とセーフティバントは、優勝を決めたな。おめでとう。

**佐藤光一**

すごい投手に成長しましたね。光一のチェンジアップは一級品です。緩急をつけリズムを変える投球は実戦で身につけました。あの完封は素晴らしい投球でした。おめでとう。

高校野球の指導者になりたくて教師になりました。そして、32年がたちました。いろんなことがあり、半分以上は野球ができませんでした。野球をしたくてもできない日々が続きました。学校の都合で野球を離れること3回、そんななかでも関東大会5回出場。うち1回優勝できました。いつも甲子園まであと一歩のところで後進に道を譲ってきました。

〈中略〉

みんなと出会えて幸せです。ありがとう。いよいよこれからが、本当のみんなの夢の実現になります。みんなで見る夢は実現します。みんなの力が1つになれば、優勝はチョロイです。この4ヵ月、10倍速で走ってきました。できることは可能なかぎり何でもしました。人は一瞬で変われる。子どもの可能性は無限大だ……。みんなの力を信じています。みんなよくついてきてくれた。ほんとうによく頑晴りました。みんなすごいです。俺はお前たちの力を信じています。本気で取り組んできたお前たちが大好きです。これから夏の大会が始まります。苦しいときに思い出してほしい。仲間の力を。この不思議な力を……。みんなの可能性は無限大です。やればできる。必ずできる。出会ってくれてありがとう。みんなの力で全国制覇しよう。ありがとう。

**輿石重弘**

輿石監督のように、リーダーからの手紙は選手にとって涙するほど嬉しいものです。

僕はいろいろな会社で講演をさせていただくのですが、前もって社長さんに、社員さんへの感謝と仕事への思い、これからの思いを手紙にしていただきます。

そして、その手紙を映像にさせていただき、講演の最後に、社員さんに社長さんからの手紙を見ていただくのです。


僕が大尊敬する富山の中村機械の中村社長。

ここからは、中村社長から社員さんへの手紙をご紹介します。


中村社長は男気にあふれていて、一人ひとりの社員さんを本当に大切にされていて、社員さんからも愛されている最高のリーダーです。

家族のような温かいチームをつくられていて、「会社は大人の遊園地」というスローガンで、社員さんがワクワクする職場をつくられています。

中村社長の会社で講演をさせていただいたときに、中村社長から社員さん宛てに書いていただいた手紙です。

従業員の皆様へ

毎日、毎日、夜遅くまで、みんなで力を合わせてがんばって
中村機械を支えてくれて本当にありがとう。
この言葉を、何より先に伝えたいと思います。

中村機械は、私が2歳のときに父が創業した会社です。
いまでも、窪小学校のまん前にバラックの小屋がありますが、
そこで、父と母で親戚の叔父さんに少しのお金を借りて始めたと聞いています。

そのお金で中古のフライス盤を買い、父が材料を削り
母がバリを取る作業、それの繰り返しでした。
2人とも油だらけの作業服に、汚れた軍手で汗を拭いた黒い顔で、
いつも喧嘩しながら夜中まで働いていたことを覚えています。

そのとき私は2歳、3歳で、ぐずったりしたこともありました。
容赦なく機械の工具、モンキーやスパナがぶっ飛んできたものです。
当たると死にます（笑）

父も母もいっぱいいっぱいで、イライラしていたのでしょう。
バーンと投げつけた工具の響き渡る音で、
隣の家にいたおばあちゃんが飛んできて、
私をおばあちゃんの家に連れて行くのがパターンでした。

おばあちゃんも父も亡くなりましたが、
その小屋は、いまもそのときのまま残っています。
たまにその前を車で通りますが、
そのころの場面が、50歳を過ぎたいまでも毎回頭によみがえります。

それからも喋り切れないほどいろんなことがあり、
来年、中村機械は50周年を迎えます。
みんながんばってやってくれているおかげです。

いま、嫌いで嫌いで大嫌いだった父と母にとても感謝しています。
そして、わがままを聞いてくれた、おばあちゃんにも。

もう少し早く気付くことができた人間なら……と、とても悔やんでいます。

皆さん、お父さん、お母さん、そして家族、まわりの友達に……
たまには感謝の気持ちを伝えてみてはどうでしょうか。
私も日ごろ口に出せないほうなので、この場を借りて……

郁代さん
認知症になってしまったお袋を何から何まで文句言わずに世話してくれ、

また会社のみんなのおかみさん役でがんばってくれて、ありがとう。

部門長のみんな
そして、そのもとでしっかりやってくれるみんな。

日詰さん、重吉さんはじめ
ガッチリまとめ上げてくれる女性スタッフのみんな。
そして、いつも明るく一生懸命のパートさんたち。

本当に、本当にありがとう。

いま現在、この時間も、みんなで力を合わせてつくり込み、命を注ぎ込んだ機械たちは、
世界中いろんな場所で人々のために働き続けています。

毎日、毎日、楽しいことばかりじゃない。
思いどおりに行くことばかりじゃない。
みんなも……俺も……

そんなとき、素晴らしい仲間たちで相談し合い、助け合い、
一緒に乗り越えて行きましょう！
全員、とびっきり最高の仲間です！

毎日、毎日、がんばっているみんなが、
みんなの家族が、不幸になることが絶対にないように。

もっともっと、強い会社に。もっともっと、求められる会社に。
がんばらせていただいているまわりの人たちに感謝し、喜び合い。

みんなでハッピーになるように。

しんどいことも、楽しいことも、すべて遊び心を忘れず、楽しんでやりましょう。
これからも末永く、よろしくお願いします。

会社は大人の遊園地。
ワイワイガヤガヤドキドキワクワク。
Let's enjoy!

株式会社中村機械
代表取締役　中村吉延

社員さんたちは泣いていました。
あなたは、本気で社員さんに感謝の気持ちを伝えたことがありますか？
さあ、あなたもこのように、仲間への感謝の手紙を書くワークをやってみましょう。

ワーク！

仲間への感謝の手紙を書く

手紙を書く前に、次の質問に答えてください。

「あなたが、仲間に伝えたい感謝は？」

「あなたの創業の思いは？」

「これまでに苦しかったことは？」

「とくに嬉しかったことは？」

では、思いをぶちまけるように、本気の手紙を書いてみてください。
紙とペンを用意して……さあ、どうぞ！

# 第3章のまとめ

「この章で気づいたこと、感じたことを書き込んでみましょう。わいてきた直感が大事なので、自由に書き込んでみてください」

最終章

# 最高のリーダーは、困難にさえワクワクする

あなたは、困難やピンチのとき、ワクワクしていますか?

究極のリーダーは、困難やピンチのときにこそ、部下に最高の生き様を見せる最大のチャンスだということを知っています。

そして究極のリーダーは、困難やピンチこそが自分自身を成長させ、チームを成長させる最大のチャンスだということを知っているのです。

本書もいよいよ最終章。

この章では、困難やピンチを面白がること、ワクワクすることがいかに大切なことなのかを、書かせていただきます。

## 困難が来たときの十か条

**第一条** まずは、「ウェルカムピーンチ！」と叫ぶ

**第二条** 「面白くなってきたな！」と飛び跳ね、喜び、踊る

**第三条** この困難を乗り越えた先にどんな素晴らしい未来があるのかを、ワクワクするまでリアルに描き、予祝する

**第四条** この困難は何のチャンスなのか、どんな伝説をつくるチャンスなのかを考える

**第五条** 現状を正確に分析し、変えるものと、変えないものを決める

**第六条** 他者責任にせず、根本的な原因を自分自身に探す

**第七条** 自分もまわりも、やる気があふれるルールをつくる

**第八条** 方法は無限大。夢を実現するためのアイデアを100個出し、ベスト3をすぐにやる

**第九条** 夢と志を熱く語る

**第十条** 仲間に感謝の手紙を本気で書く

# 「巨大台風で、りんごが9割も落ちてダメになってしまった」これは何のチャンス？

ひすいさんから教えていただいた話です。
あなたは、このピンチをどうチャンスに変えますか？

巨大な台風によって、ある農家さんのりんごが9割もダメになってしまいました。
農家でりんごが9割ダメになれば、かなりのピンチです。
しかし、これを最大のチャンスに変えたスーパー農家さんがいたのです。
どんなチャンスに変えたのか？

**落ちなかったりんごを、「落ちないりんご」という名前で、受験生に1個1000円で売ったのです。**

「あの巨大台風でも落ちなかった奇跡のりんご」

すると、飛ぶように売れて受験生も大喜び。そして農家さんも大喜びだったのです。

同じ事実に対して悲しむこともできる。

同じ事実に対して、面白がり、喜ぶこともできる。

たとえ大ピンチに追い込まれたとしても、このようにものの見方次第で、それを面白がれて、その結果として行動を変えて、状況を変えることだってできるのです。

**出来事↓ものの見方・考え方・捉え方↓感情・心↓行動↓相手の反応↓結果**

どんな困難も、必ず面白がれる視点があります。

そこに面白がる視点を持ち、自分で見つけていくのです。

赤色のメガネをかければ、景色が赤くなるように、面白がるメガネをかけてあげるのです。**ものの見方次第で、人生に革命が起きます。**

もうひとつ、僕の友人の娘さんの話をご紹介します。

リーダーであるお父さんが、神対応をしました。

小学2年生の女の子が、あるとき学校に行くのが嫌になってしまいました。

理由を聞くと、「先生がやる気がない」というのです。

「**1年生のときの先生は、こんなこともしてくれて、あんなこともしてくれたのに、○○先生は全然話も聞いてくれないし、授業中にため息ばかり。だから学校に行きたくない**」と。

こんなとき、リーダーである親のあなたは、どうしますか?

この話を聞いたお父さん、可愛い娘ちゃんに宿題を出します。

**「先生の良いところを100個、書いてみよう。もし1週間で先生の良いところを100個書けたら、○○をプレゼントするよ!」**

娘さんはプレゼントが嬉しかったこともあり、ワクワクしながら宿題に取りかかります。

1週間で100個、先生の良いところ探しがスタート。

途中で挫折しかけたこともあったそうですが、なんとか期限ギリギリで先生の良いところを100個書くことができました。そのときの写真がこちらです。

子どもらしい解答もありますが……素晴らしいですよね。

結果、どうなったのか？

お父さんが娘ちゃんに「書いてみてどんな気持ち？」と聞くと、娘ちゃんは、

**「先生のこと好きかも」**

と答えたそうです。お父さんの作戦大成功ですね。

先生は、何も変わっていません。娘ちゃんが先生の良いところを書くことで、先生に対する見方が変わったのです。

**ものの見方が変わると、心が変わる。**

この娘ちゃんは、いまは楽しく学校に行っているそうです。

# 「大きな取引先から、かなりの無茶な値引き要求があった」これは何のチャンス？

「経営の神さま」松下幸之助さんのエピソードから学んでいきましょう。

昭和36年、松下幸之助率いる松下通信工業の幹部全員が集まる会議が開かれました。
トヨタから大幅な値引き要求があったためです。
「松下が納めているカーラジオを20%コストダウンしろ」と。
松下の幹部たちは困り果て、静まり返る会議室に、あの男が現れます。
松下幸之助の登場です。
幸之助の第一声は、こうです。

「どうして、トヨタはこういう要求をしてきたんや？」

トヨタのこの要求の裏には、貿易の自由化問題がありました。GMやフォードといった大メーカーとの競争が本格化し、このままでは日本の自動車産業そのものが滅んでしまう、という危機感がトヨタにはあったのです。


「松下がトヨタさんの立場だったらどう考えるかや。

やはり、同じ要求をしていたかもしれん。

トヨタさんは、どうすればコストダウンを達成して、日本の自動車産業を発展させていくことができるかという危機感でいっぱいやろう。

いわば産業全体、さらには国のためを考えてるんや。

松下だけの話とは違うんや。ここは『できません』と断ってはいかんと思う。

なんとしてでも、値を下げなければならん」

幸之助は続けました。

**「これは単に値引き要求を受けた、というだけのことではないんや。日本の産業を発展させるための、公の声だと受け止めなければならないんではないか？それに、もし20％の値引きに耐えられる製品ができたらどうや？世界中で通用する製品になるんやないか？これは、松下最大のチャンスやな！」**

幸之助さんは、この問題を乗り越えることで、どんな最高の未来が待っているかを幹部全員に想像させたのです。

この会議に参加していた幹部は、このときのことを、

**「淀んでいた会議の雰囲気が、ぱっと晴れたかのように明るくなった」**

と語っています。

結果どうなったのか？

**コストダウン20%達成。**

まさに、松下がカーラジオのトップメーカーへ大きく飛躍した瞬間です。

さて、トヨタからの無茶な要求は何のチャンスだったのでしょうか。

**松下がトップメーカーになるチャンスだったのです。**

**「問題が起きたことが問題ではない。**
**問題に対してどう考えたかに問題がある」**

**「マイナスに考えればピンチになり、**
**プラスに考えればチャンスになる」**

すべての問題は、大きな飛躍をするために起きているのです。

# 「夢に向かってがんばっていた息子が、深刻に落ち込んで、夢をあきらめようとしている」これは何のチャンス？

あなたの息子が夢に対して深刻に悩んでいます。そんなとき、あなたならどうしますか？

これも、リーダーのあり方が問われますね。

**困難やピンチのときこそ、リーダーが最高にかっこいい姿を魅せる最大のチャンス。**

『前祝いの法則』（フォレスト出版）でも書かせていただいたのですが、俳優の武田鉄矢さんの事例が面白いのでご紹介します。

武田鉄矢さんは20代のころ、歌が売れなくなって芸能界を辞めようとします。深刻に悩み、九州の実家へ帰り、お母さんに相談しました。

そこで、お母さんは鉄矢さんに対して、どんな対応をしたのか。
これが、目からウロコ。神対応なのです。
深刻に悩んでいる鉄矢さんに対して、お母さんはなんと、

## 予祝

をしたのです。

「お前の顔には、貧乏神がとりついとる。
貧乏神は貧乏ったらしく、深刻になってる人にとりつくようになっとる。
ニコニコ笑って『乾杯乾杯！』とはしゃぐと、とりつき甲斐がないと逃げていく。
乾杯するから、日本酒持ってこい！」

そして、日本酒を注いで、

「鉄矢、成功おめでとう。乾杯！」

と、予祝をしたのです。
お母さん、すごくないですか？

結果、どうなったか？
**その日の1か月後から、大ブレイクしていったのです。**
鉄矢さんは、「その日のことが忘れられない」と言っています。
あの日から仕事への気持ちが切り替わり、結果へとつながっていったのだ、と。

**深刻になっても、良いことなんてひとつもありません。**
**深刻になればなるほど、貧乏神がとりつくだけです。**
深刻になるのではなく、成功をイメージして、先にお祝いしてしまう。

**深刻になる＝貧乏神**

## 笑う・お祝いする・喜ぶ＝福の神

うまくいかなくなったときこそ、深刻になるのではなく「乾杯」です。

うまくいかなくなったときこそ「予祝」です。

「喜べば、喜びごとが、喜んで、喜び集めて、喜びに来る」です。

「面白がれば、面白がるほど、面白いことが、面白いように、起こるから面白い」です。


第1章で日本の神話の話を書かせていただきました。

日本のスタートは、太陽の神さまが岩戸隠れして、真っ暗闇になり、大ピンチでした。

しかし、この大ピンチに神さまたちが踊って楽しむことで、岩戸が開き、光が戻りました。

この神話は、現代の僕たちに「ピンチのときこそ楽しむこと、面白がること」がいかに大切かを教えてくれています。


**ピンチを楽しめたとき、奇跡は起こります。**

ピンチのときは、リーダーが踊ってみるのもいいですよ。

# 「甲子園予選の決勝。最終回で同点に追いつかれて延長戦に。延長13回の表。相手チームに2ランホームランを打たれ、ついに逆転された」これは何のチャンス?

## 「ピンチをいかに楽しむか。喜んでいるところに奇跡は起こる」

石見智翠館高校の末光監督から聞いた、甲子園予選の決勝戦での奇跡の話をご紹介します。

決勝戦の相手は、甲子園常連校の開星高校。

5対2でリードしていたところを、最終回に追いつかれ延長戦に。

延長10回、11回と、チャンスを得点できず……。

この試合を僕もテレビで観ていたのですが、正直「ヤバイ……」と思ってしまいました（メンタルコーチなのに……）。

嫌な予感は的中。

延長13回の表に開星高校がツーランホームランを打ち、逆転されてしまいました。

大ピンチ！　絶体絶命の大ピンチです。

ところが、守備から戻ってくる選手たちに、監督と部長は踊るような笑顔で、

**「お前ら、面白くなってきたな！　予祝の通りや！**

**ここから逆転サヨナラになるぞ！　伝説やな！**

**よし、伝説つくってこい！」**


と言われたそうです。

監督の言葉に、選手たちもベンチも表情が変わり、最高の空気になったそうです。

そして、なんと、本当に奇跡が起きたのです。

最終回の裏、最後の攻撃で、連打で同点に追いつくと、最後は押し出し四球。

## 逆転サヨナラ勝利。

甲子園出場の夢を実現されました。
絶体絶命の大ピンチに、リーダーがどんな言葉を言うか。
それによって、本当にピンチはチャンスに変わるんですね。
末光監督は、

「これまでは野球を楽しい、と思ってやったことがなかった。
勝たなければならないという気持ちが強く、楽しめていなかった。
でも、この夏は初めて、この3年生と野球をしているのが楽しかった」

と言われていました。
やっぱり、楽しいは最強ですね。

「娘が超反抗期。親子関係もギクシャク。そんなときに学校でタバコが見つかり、呼び出された」これは何のチャンス？

「人生とは、うまくいかないことをいかに楽しみ、面白がるかだ」

「最大の困難とは最高の生き様を伝える最大のチャンス」

想像してみてください。

娘のことで学校から呼び出された――。

この問題に対して、あなたがお母さんだったら、ワクワクできますか？

ワクワクなんてできないですよね。

しかし、ワクワクしていたすごいお母さんがいたんです。

**それが、映画『ビリギャル』のモデルになった、小林さやかちゃんのお母さんです。**

さやかちゃんは現在、作家としても講演家としても活躍されています。

そんなさやかちゃんのお母さんが、本当に素晴らしい最高のリーダーなのです。


中学時代、ヤンチャだったさやかちゃん。

何度も学校に呼び出されたそうなんですが、お母さんは学校からの呼び出しをチャンスだと捉えていたそうです。

どういう意味の「チャンス」なのか。

それは、

**「あなたが何をしても、仮に何者になったとしても、私だけはあなたの一番の味方なんだよ、ということを娘に知ってもらえる、わかってもらえる絶好のチャンス」**

と、心底思っていたからなんです。

当時、さやかちゃんとお母さんの親子関係は少しギクシャクしていたそうです。さやかちゃんは超反抗期だったとか。だから学校に呼び出されたとき、娘にとっての大ピンチに、娘に寄り添い、娘の力になってあげられる最大のチャンスだと思い、お母さんは心底ワクワクしていたのです。

さやかちゃんは、タバコが見つかり無期停学になります。

先生から言われた言葉に、さやかちゃんはめちゃくちゃ落ち込んだそうです。

「お前がタバコを持っていることを、先生がなぜ知っていたかわかるか?

お前が親友だと思ってる○○さんが教えてくれたからだ。

お前はあいつに売られたんだぞ?

だからお前も、ほかに誰がタバコを持ってるか言わないと、今日は家に帰れないぞ。

どうする?」

その言葉にさやかちゃんは落ち込みました。でも、友だちを売ることはしなかった。

シビレを切らした先生は、お母さんを学校に呼び出しました。

先生からさんざん注意を受けたあと、お母さんが先生に言った言葉。


**「この度は本当に申し訳ありませんでした。でも先生、こんな良い子、いないと思いませんか？　先生のおっしゃる良い子というのは、髪の毛が真っ黒で、スカートが膝下10センチ以上長くて、お勉強ができる、そういう子だけのことなのかもしれません。それならこの子は、もう悪い子で結構です。退学というならそれでもいいです。**

**でも、こんなに友だち思いの素晴らしい子を、私は誇りに思います」**


このお母さんの言葉で、さやかちゃんは更生したそうです。どんなことがあっても娘を信じきったお母さんのその存在が、さやかちゃんを本当の意味で落ちぶれさせなかったのです。

さやかちゃんは、そのことをいまでも講演で語られています。


**「私にあったのは地頭じゃない、自己肯定感です。**

そしてそれは、母のおかげなんです。
母はいつでも、私のことを信じてくれた。
どんなときも、さやかなら大丈夫、さやかは素晴らしいって、
母がいつも信じきってくれたおかげで、
私はどんなときも、自分のことを信じることができているのだと思います」

お母さんの信じる力は、子どもが自分自身を信じる力になります。
お母さんの信じる力は、子どもの自己肯定感を引き出す力になります。

**最大のピンチのときに、リーダーがどんな言葉をかけてあげるか。**
**仲間がピンチのときに、リーダーがどんな言葉をかけてあげるか。**
ピンチはチャンスです。ピンチこそが信頼関係をつくる最大のチャンスです。
最大のピンチとは、最高のリーダーの生き様を伝える最大のチャンスなのです。
あなたは、部下のピンチにワクワクできますか？
あなたは、部下のピンチにどんな言葉をかけてあげますか？

# 「部下が仕事で大失敗。会社に多大な損失」これは何のチャンス？

知り合いのとある編集者のお話をご紹介します。

かなり大きなプロジェクトを任されていて、会社からも大きな期待を受けていました。

3年がかりのプロジェクトだったんですが、最後の最後にそのプロジェクトはダメになってしまったそうです。

そのとき、その編集者は自分の不甲斐なさに絶望感しかなくて、ショックで、会社になかなか戻れなかったそうです。

責任をとって会社を辞めてしまおう、と思って会社に戻りました。

社長に報告したところ、その社長から、

**「お前があれだけやってもダメなものは、誰がやってもダメだったということだ。お前はよくがんばってくれた。この経験を次に活かしてくれ」**

このとき、彼は号泣だったそうです。
会社にとって、かなりの損失だったはず。
それなのに、社長は自分のがんばりを認めてくれていた。

## 「一生この社長についていこう」

と、強く思ったそうです。
部下のピンチは、リーダーと一生の信頼関係をつくる大チャンスです。
問題が起きたことが問題ではない。問題をどう考えるかに問題がある。
プラスに考えればチャンスになり、マイナスに考えればピンチになる。
**困難が来たら、リーダーは部下にかっこいい姿を見せる最大のチャンスなのです。**

ワーク！

社員のピンチが訪れたときを想定して、あなただったらどんな言葉をかけるかを、準備しておきましょう！

①社員さんが大ピンチ！　どんなピンチですか？

②社員さんが感動して、「一生ついていこう」と思える言葉を書いてみよう！

「部下が悪いことをして警察のお世話に。
部下の身元引受人として裁判に」
これは何のチャンス？

「最悪の状況は、
変化するために最良の状況」

「最高の人の育て方とは
厳しい環境のなかで、自分が見本になることである」

こんな相談を受けたことがあります。

「恥ずかしいことなのですが、昨日、部下の経費の使い込みが判明しました。
〝これはチャンス〟と思おうとしても、
悲しさ、悔しさ、怒り、喪失感などの感情に支配されている自分がいます。
その部下はお子さんが大学生で、まだまだお金のかかる時期であることも知っていますし、
仕事の出来・不出来にかかわらず、真面目にやってきた人です。
『ピンチはチャンス』と学んできましたが、
まったくチャンスと捉えられていない自分がいます。
大嶋さんなら、どう捉えて、彼とどう関わっていきますか？」

あなたならどうされますか？　ちなみにこの相談者は、ひとつの店舗を任せられている店長で、「日本一のお店にしたい」という目標があります。

僕からの返事は、これです。

「○○さん、それは本当に大チャンスです。
まずは、その人とどうしたいか。

その人と、どんな人間関係になりたいか。
ゴールを決めてください。

僕には、その方が、近い未来に○○さんの最高の右腕になっている予感がします。
○○さんにとって、大切な存在になっているように思います。

僕ならどうするか。
**最高のチームをつくる大チャンス。**
**日本一になるために起きた出来事。**
**そして、その方と最高の信頼関係を築く大チャンス。**
このように捉えます。

ビリギャルのさやかちゃんの話をしたことは、ありましたか?
さやかちゃんのお母さんは、さやかちゃんが無期停学処分になって、
保護者として学校から呼び出されたとき、心の底から大チャンスだと思ったそうです。

なぜなら、さやかちゃんと、
最高の人間関係、信頼関係を取り戻す大チャンスだと思ったからです。
当時のさやかちゃんの家庭は崩壊していました。親子関係も崩壊していました。
だから、お母さんはさやかちゃんと最高の関係を取り戻すチャンスだと思い、学校に呼び出されたときに、ワクワクしていたんです。

先生から何を言われても、どんな処分になっても、
さやかちゃんの一番の理解者であり、
さやかちゃんの味方でいることを決めていました。

さやかちゃんは、このことがきっかけで、
お母さんとの関係を取り戻し、最高の信頼関係になっています。

だから、僕は今回のことも、本当に本当に最高のチャンスにしか思えないです。
○○さんが、その方とどんな人間関係になりたいかです。

**もし日本一の店にするために一緒にやっていきたい人であれば、**
**この上ない最高のチャンスです。**
**こんなときこそ、誰よりもその方の理解者になって寄り添ってあげてください。**
**誰よりも、その方の味方になってあげてください。**
**誰よりも、その方のことを信じてあげてください。**

人間、誰もが大なり小なり、人に言えないことってあると思います。
その方は、人生最大のピンチだと思います。
こんなときこそ、その方の力になってあげてください。

○○さん、大チャンスですね！
日本一になるために起きた出来事ですよ！

余談ですが、僕も少年院の子たちや高校を退学になった子たちを預かってきたので、何度も何度も、いろんな事件がありました。

裁判後に身元引受人として、引き取りに行ったこともあります。
相手方のところに、許していただけるまで謝りに行ったこともあります。
裁判官に、

**『あなたのことが信じられない。**
**なんでこんなことをした人を、もう一度受け入れるのか？』**

と言われました。
僕は、裁判官に言いました。

**『彼はこれからの男なんです。**
**彼は、僕にとってもてっぺんのみんなにとっても、大切な仲間なんです。**
**彼は、これから必ず最高のリーダーになっていく男です。**

**僕は、これからも彼の可能性を信じていきたい』**

裁判官は最初、あきれていましたが、最後は僕に任せると言ってくれました。
そんな彼も、いまは素晴らしいリーダーになって、人生をやり直しています。
可能性のない人なんていないのです。

○○さん、問題はチャンスです。
出番があればいつでも飛んでいきます」

結果どうなったのか？
○○さんとその方は、最高の信頼関係になったそうです。

可能性のない人はいない。
問題が起きたときは、本当に大切なことを伝えるチャンスなのです。

# 問題や困難にワクワクする究極の「マンダラシート」

ここまで、たくさんの事例を見ていただきました。

**「問題が起きたことが問題ではない。問題に対してどう考えたかに問題がある。マイナスに考えればピンチになり、プラスに考えればチャンスになる」**

といったことがご理解いただけたかと思います。

人は問題や困難が起こると、無意識にマイナスの「問いかけ」をしてしまいます。

「何でこんなときに、こんなことが起きてしまうのか」

「何で俺は、こんなについていないのだろう」

「何で私は、こんなにも不幸なんだろう」

そうすると、どんどん深刻になってしまいます。

リーダーが深刻になると、チーム全体の雰囲気も悪くなります。

すると、一人ひとりのメンタルにも影響を及ぼし、力も発揮できなくなり、それが良くない結果につながっていきます。


**問題や困難↓マイナスの「問いかけ」↓深刻な感情↓チーム全体も最悪の雰囲気↓力が発揮できない↓良くない結果**

と、なってしまいます。

しかし、最高のリーダーは問題や困難にワクワクしています。

なぜなら、すべての問題や困難は考え方次第でチャンスになることを知っているからです。

すべての問題や困難は、リーダーのものの見方次第で、チームに革命を起こすきっかけになることを知っているからです。

問題や困難の背後に隠れたチャンスを見出し、問題や困難にワクワクできたら、その瞬間にワクワクの未来へつながります。

ではどうすれば、問題や困難にワクワクできるのか？

**それは、ワクワクな「問いかけ」をすればいいのです。**

最高のリーダーは、

**問題や困難↓ワクワクな問いかけ↓ワクワクな感情**
**↓プラスの行動↓チームの空気も最高↓最高の結果**

となります。

それではここで、あなたがいま解決したい問題や困難を思い浮かべ、次のページの8つの問いかけに答えて、問題を面白くするマンダラシートに書き込んでみてください。

## 困難にワクワクするマンダラシート

| | |
|---|---|
| 1 | この問題は、どんなチャンスだと思いますか? |
| 2 | この問題が起きたことで、気づけることは何ですか? |
| 3 | この問題を通して、あなたはどんな成長ができますか? |
| 4 | この問題を見事にクリアしたとき、どんな素敵な自分になれるでしょうか? |
| 5 | 本当はどうしたいですか?　この問題がどうなったら最高ですか?　最高のラストシーンを想像してみよう。 |
| 6 | この問題を乗り越えたとき、誰がどんなふうに喜んでいますか? |
| 7 | いまのあなたは、この問題に対してどんなアクションが起こせそうですか? |
| 8 | この問題を見事に解決でき、嬉しくて思わずあなたがやってしまいたいことは何ですか? |

起こった問題と、それぞれの答えをシートに書き込んでください

| | | |
|---|---|---|
| 6 | 3 | 7 |
| 2 | 〔問題〕 | 4 |
| 5 | 1 | 8 |

さあ、書き込めたでしょうか？

**「すべての悩みは、あなたの愛を深めるために起きている」**
**「すべての問題は、あなたを飛躍させるために起きている」**

すべての問題は、リーダーのものの見方次第で、チームに革命を起こすきっかけになるのです。

さあ、革命を起こす準備はできましたか？
世界一ワクワクするリーダーになる準備はできましたか？

**あなたの究極のリーダーとしての第一歩を、応援しています。**

## 最終章のまとめ

「この章で気づいたこと、感じたことを書き込んでみましょう。わいてきた直感が大事なので、自由に書き込んでみてください」

あとがき――

## 「今日1日を喜んで生きる」と決めると、奇跡が起きる。

ひすいさんと一緒に『前祝いの法則』(フォレスト出版)という本を書かせていただいてから、たくさんの奇跡が起こるようになりました。その本は10万部を突破し、2019年の「読者が選ぶビジネス書グランプリ」では、部門賞までいただきました。

### 感謝×喜び=奇跡

今日1日を喜んで生きると決めると、本当に奇跡が起こります。

居酒屋てっぺんの総料理長、木村聖《さとし》が、2018年7月に突然、末期がんを宣告されました。ステージ4・5、がんの腫瘍マーカーが230万、脳に4つ、肺に数10個、そして全身に転移している状態……。とてもじゃないけど助かる見込みがない。


そんな状態でしたが、本当に奇跡が起きました。

腫瘍マーカーが0・7まで下がり、ガンがなくなったのです。

まったく立つこともできなかったのに、いまは仕事にも復帰しています。

僕は、さとしから、たくさんのことを学ばせてもらいました。

病院に見舞いに行くと、

「**大将、僕、仕事に戻りたいです。僕、みんなと早く仕事したいです。僕、必ず仕事に復帰しますから**」


と、彼は泣くんです。

「さとしの前では絶対泣かない。明るく元気づけるぞ」と病院に行くのですが、僕は涙をこらえることができませんでした。

僕自身もその年、いろんなつらいこともあったのですが、

**「さとしが、がんばって生きようとしている姿を考えたら、つらいなんて言ってられない。さとしは仕事がしたくてもできない。仕事ができることがどれだけありがたいことなのか」**

そう思うと力が湧き出てきました。さとしは、

**「病気になって、たくさん学ばせてもらった。病気になって、たくさんプレゼントをもらえた。なかでも一番のプレゼントは、父親との再会でした」**

と、言っています。

さとしは14歳のときに家族がバラバラになり、お父さんとは20年近く会っていませんでした。20年間、一度も会いたいとも思っていないほど、お父さんとの溝があったそうです。

しかし今回、死に直面したとき、ふと「父親に会いたい」という感情になり、母親に伝え、

連絡をとってもらったそうです。

「別れて早20年。どこに住んでるかもわからない。
どんな容姿になっているかもわからないまま、病院にお見舞いに来てくれました。
20年ぶりの再会で、少しお互い戸惑いがありましたが、涙があふれてきました。
病気にたくさん教えてもらいましたが、この父親との再会は最高のプレゼントでした」

さとしの父親は、群馬県の自然がたくさんある場所で民宿を営んでるそうで、いまではさとしも1歳と3歳になる子どもを連れて、遊びに行っているそうです。
そして、お父さんもいまでは、群馬から東京の居酒屋てっぺんまで通っていただく、常連さまになっています。

**「今日1日を喜んで生きる」と決めると、奇跡が起きる。**

人生は、100年の夏休み。

人生は、お祭りですね。
おもいっきり楽しんでいきましょう。

最後まで読んでいただき、本当にありがとうございます。僕は毎日のように、日本のどこかで講演させていただいていますので、ぜひ遊びに来てください。

今回、本を書くにあたって、本当に本当にお世話になったきずな出版の小寺裕樹さん、中川賀央さん、そして、その小寺さんとのご縁をつないでくれた友人の永松茂久さんに、心からお礼を申しあげます。ありがとうございました。
おかげて、日本中に喜びと希望が増えました！

**人生は祭りだー！**

**よっしゃあああああ!!!!**

## 参考文献一覧


『名言なぞり書き50音セラピー』ひすいこたろう／山下弘司 著（世界文化社）

『パズるの法則』ひすいこたろう／吉武大輔 著（大和書房）

『恋人がいなくてもクリスマスをワクワク過ごせる人の考え方』ひすいこたろう／石井しおり 著（祥伝社）

『できないもん勝ちの法則』ひすいこたろう 著（扶桑社）

『3秒でハッピーになる 名言セラピー　THE BEST 新装版』ひすいこたろう 著（ディスカヴァー・トゥエンティワン）

『3秒でハッピーになる名言セラピー 恋愛編【増補新版】』ひすいこたろう 著（ディスカヴァー・トゥエンティワン）

『犬のうんちを踏んでも感動できる人の考え方』ひすいこたろう 著（祥伝社）

『前祝いの法則』ひすいこたろう／大嶋啓介 著（フォレスト出版）

『3秒でハッピーになる 超名言100』ひすいこたろう 著（ディスカヴァー・トゥエンティワン）

『見る見る幸せが見えてくる授業』ひすいこたろう 著（サンマーク出版）

『実践！　世界一ふざけた夢の叶え方』ひすいこたろう／菅野一勢／柳田厚志 著（フォレスト出版）

『なぜジョブズは、黒いタートルネックしか着なかったのか？』ひすいこたろう／滝本洋平 著（A-Works）

『心が折れそうなときキミに力をくれる奇跡の言葉』ひすいこたろう 著（SBクリエイティブ）

『人生が変わる朝の言葉』ひすいこたろう 著（サンマーク出版）

『絶望は神さまからの贈りもの』ひすいこたろう／柴田エリー 著（SBクリエイティブ）

『あなたの人生がつまらないと思うんなら、それはあなた自身がつまらなくしているんだぜ。』ひすいこたろう 著（ディスカヴァー・トゥエンティワン）

『ゆるんだ人からうまくいく。』ひすいこたろう／植原紘治 著（ヒカルランド）

『HUG！ today』ひすいこたろう／丹葉暁弥 著（小学館）

『悩みはこうして幸福に変わる』ひすいこたろう／スズキケンジ 著（大和書房）

『子どもはみんな天才だ！』ひすいこたろう 著（PHP研究所）

『きょうりゅうといぬどっちがつよい？』ひすいこたろう／のぶみ 著（アリス館）

『人生に悩んだら「日本史」に聞こう』ひすいこたろう／白駒妃登美 著（祥伝社）

『世界一ふざけた夢の叶え方』ひすいこたろう／菅野一勢／柳田厚志 著（フォレスト出版）

『面白いほど幸せになれる漢字の本』ひすいこたろう／はるねむ 著（中経出版）

『ものの見方検定』ひすいこたろう 著（祥伝社）

『誰よりも、ゆっくり進もう』ひすいこたろう 著（飛鳥新社）

『起こることは全部マル！』ひすいこたろう／はせくらみゆき 著（ヒカルランド）

『3秒でハッピーになる 名言セラピー　英語でしあわせ編』ひすいこたろう／アイコ・マクレーン 著（ディスカヴァー・トゥエンティワン）

『あした死んでも後悔しないためのノート』ひすいこたろう 著（ディスカヴァー・トゥエンティワン）

『THE BEST OF 3秒でHappyになる 名言セラピー』ひすいこたろう 著(ディスカヴァー・トゥエンティワン)
『HUG! friends』ひすいこたろう/丹葉暁弥 著(小学館)
『明日が見えないときキミに力をくれる言葉』ひすいこたろう 著(SBクリエイティブ)
『常識を疑うことから始めよう』ひすいこたろう/石井しおり 著(サンクチュアリ出版)
『あした死ぬかもよ?』ひすいこたろう 著(ディスカヴァー・トゥエンティワン)
『心が折れそうなときキミを救う言葉』ひすいこたろう/柴田エリー 著(SBクリエイティブ)
『ニッポンのココロの教科書』ひすいこたろう/ひたかみひろ 著(大和書房)
『しあわせの「スイッチ」』ひすいこたろう/ひたかみひろ 著(三笠書房)
『朝にキク言葉』ひすいこたろう 著(サンマーク出版)
『名言セラピー幕末スペシャル The Revolution!』ひすいこたろう 著(ディスカヴァー・トゥエンティワン)
『心がふわっと軽くなる考え方』ひすいこたろう/マツダミヒロ/青木勇一郎/ぐっどうぃる博士/水蓮 著(SBクリエイティブ)
『ザ・バースデー365の物語 1月〜6月』ひすいこたろう/藤沢あゆみ 著(日本実業出版社)
『ザ・バースデー365の物語 7月〜12月』ひすいこたろう/藤沢あゆみ 著(日本実業出版社)
『名前セラピー』ひすいこたろう/山下弘司 著(毎日コミュニケーションズ)
『ココロの教科書』ひすいこたろう/スズキケンジ 著(大和書房)
『漢字セラピー』ひすいこたろう/はるねむ 著(ヴィレッジブックス)
『心にズドン! と響く「運命」の言葉』ひすいこたろう 著(三笠書房)
『3秒でハッピーになる モテ名言セラピー』ひすいこたろう/モテるーズ(ヤス&よう子) 著(ディスカヴァー・トゥエンティワン)
『Happy名語録』ひすいこたろう/よっちゃん 著(三笠書房)
『3秒でみんなハッピーになる 名言セラピー++』ひすいこたろう 著(ディスカヴァー・トゥエンティワン)
『3秒でもっとハッピーになる 名言セラピー+』ひすいこたろう 著(ディスカヴァー・トゥエンティワン)
『3秒でハッピーになる 名言セラピー』ひすいこたろう 著(ディスカヴァー・トゥエンティワン)
『大きく稼ぐ経営者になる脳のアップグレード術』西田文郎 著(現代書林)
『新装版 10人の法則』西田文郎 著(現代書林)
『はやく六十歳になりなさい』西田文郎 著(現代書林)
『天運の法則』西田文郎 著(現代書林)
『成功したけりゃ、脳に「一流のウソ」を語れ』西田文郎 著(大和書房)
『錯覚の法則』西田文郎 著(大和書房)
『ビジネスNo.1理論』西田一見著/西田文郎 監修(現代書林)
『英断の言葉』西田文郎 著(現代書林)

『人望の法則』西田文郎 著（日本経営合理化協会出版局）
『仕方ない理論』西田文郎 著（徳間書店）
『驚きの最強思考「赤ちゃん脳」』西田文郎 著（ワニブックス）
『ツバメの法則』西田文郎 著（徳間書店）
『Ｎｏ・２理論』西田文郎 著（現代書林）
『その気の法則』西田文郎 著（ダイヤモンド社）
『ここ一番に成功する運とツキを呼ぶ方法』西田文郎 著（創英社／三省堂書店）
『Ｎｏ・１営業力』西田文郎 著（現代書林）
『他喜力』西田文郎 著（徳間書店）
『7つの本気』西田文郎 監／大嶋啓介／須田達史／清水慎一／石崎道裕／小西正行／井上敬一／大棟耕介 著（現代書林）
『1分間成功思考』西田文郎 著（ＰＨＰ研究所）
『恩返しの法則』西田文郎 著（ＳＢクリエイティブ）
『ウラ目の法則』西田文郎 著（徳間書店）
『「脳活」読書術』西田文郎 著（エンターブレイン）
『人生を決める3つの約束』西田文郎 著（イースト・プレス）
『Ｎｏ・1メンタルトレーニング』西田文郎 著（現代書林）
『どん底はツキの始まり』西田文郎 著（角川グループパブリッシング）
『最幸の法則』西田文郎 著（ダイヤモンド社）
『5％の成功者の「頭の中」』西田文郎 著（三笠書房）
『かもの法則』西田文郎 著（現代書林）
『プロは逆境でこそ笑う』西田文郎／清水克衛／喜多川泰／出路雅明／植松努 著（総合法令出版）
『予感力』西田文郎 著（イースト・プレス）
『10人の法則』西田文郎 著（現代書林）
『31日の習慣』西田文郎 著（インデックス・コミュニケーションズ）
『ツキの最強法則』西田文郎 著（ダイヤモンド社）
『究極の成功思考』西田文郎 著（インデックス・コミュニケーションズ）
『できる人の3秒ルール』西田文郎 著（インデックス・コミュニケーションズ）
『ツキを超える成功力』西田文郎 著（現代書林）
『人生の目的が見つかる魔法の杖』西田文郎 著（現代書林）
『ツキの大原則』西田文郎 著（現代書林）
『Ｎｏ．１理論』西田文郎 著（現代書林）
『増補改訂版 どんな仕事も楽しくなる3つの物語』福島正伸 著（きこ書房）
『真経営学読本』福島正伸 著（きんざい）
『僕はがんを治した』福島正伸 著（ＷＡＶＥ出版）
『落ち込んだときに元気になる考え方』福島正伸 著（中経出版）
『心で勝つプレゼン』福島正伸 著（ＷＡＶＥ出版）

『どん底から最高の仕事を手に入れるたった1つの習慣』福島正伸 著（中経出版）
『心に灯をともす』福島正伸 著（イースト・プレス）
『未来が輝く魔法の言葉100』福島正伸／野寺治孝 著（玄光社）
『社員と地域を幸せにする会社』福島正伸 著（PHP研究所）
『どんな夢も必ず叶うたった1つの方法』福島正伸 著（角川グループパブリッシング）
『まわりの人を幸せにする55の物語』福島正伸 著（中経出版）
『僕の人生を変えた29通の手紙』福島正伸 著（日本実業出版社）
『夢を叶える』福島正伸 著（ダイヤモンド社）
『新・経営用語辞典』福島正伸 著（PHP研究所）
『1日1分元気になる法則』福島正伸 著（中経出版）
『理想の会社』福島正伸 著（きこ書房）
『キミが働く理由』福島正伸 著（中経出版）
『はじめて部下を持つあなたが理想の上司と呼ばれる瞬間』福島正伸 著（KKベストセラーズ）
『「夢」が「現実」に変わる言葉』福島正伸 著（三笠書房）
『仕事が夢と感動であふれる5つの物語』福島正伸 著（きこ書房）
『リーダーになる人のたった1つの習慣』福島正伸 著（中経出版）
『どんな仕事も楽しくなる3つの物語』福島正伸 著（きこ書房）
『小さな会社の社長のための問題解決マニュアル』福島正伸 著（PHP研究所）
『メンタリング・マネジメント』福島正伸 著（ダイヤモンド社）
『感動と共感のプレゼンテーション』福島正伸 著（風人社）
『起業学』福島正伸 著（風人社）
『アントレプレナーになろう！』福島正伸 著（ダイヤモンド社）
『起業家に必要なたった一つの行動原則』福島正伸 著（ダイヤモンド社）
『会社の元気はメンターがつくる』福島正伸 著（ダイヤモンド社）
『何もないから成功するんだ』福島正伸 著（金融財政事情研究会）
『起業家精神』福島正伸 著（ダイヤモンド社）
『一目でわかる会社と業界就職地図』福島正伸 著（日本実業出版社）

著者プロフィール

## 大嶋啓介（おおしま・けいすけ）

予祝メンタルトレーナー。株式会社てっぺん代表取締役。日本朝礼協会理事長。人間力大學理事長。1974年1月19日（『いい空気』をつくるために）、三重県桑名市で生まれる。居酒屋から日本を元気にすることを目的に、株式会社てっぺんとNPO法人居酒屋甲子園を設立。てっぺん創業15年で100人以上の経営者を輩出する。2006年には、外食産業にもっとも影響を与えた人に贈られる外食アワードを受賞。てっぺんの「本気の朝礼」は、テレビなどでも話題になり、年間1万人以上が見学に訪れる。企業だけでなく、中学生や高校生の修学旅行のコースになるほどに。

2014年より、自身の学びを多くの人に伝えたいという想いのもと「人間力大學」を開校。スポーツのメンタルにも力を入れており、オリンピック日本代表のソフトボールのチームに朝礼研修をおこない、北京オリンピックでは金メダルに貢献。2015～2019年にかけて、高校野球の約80校にチーム強化のためのメンタル研修をおこない、そのうちの22校が甲子園出場を果たしている。

企業講演・学校講演を中心に、日本中に夢を与えたいという思いで全国的に活動している。

著書に、「読者が選ぶビジネス書グランプ2019」自己啓発部門賞受賞作『前祝いの法則』（フォレスト出版、ひすいこたろう共著）などがある。

著者オフィシャルホームページ

著者公式LINE

著者公式YouTubeチャンネル


世界一ワクワクするリーダーの教科書

2020年2月1日　第1刷発行
2020年6月1日　第7刷発行

著　者　大嶋啓介

発行者　櫻井秀勲
発行所　きずな出版
東京都新宿区白銀町1-13　〒162-0816
電話03-3260-0391　振替00160-2-633551
http://www.kizuna-pub.jp/

協力　永松茂久
執筆協力　中川賀央
ブックデザイン　池上幸一
本文イラスト　神林美生
印刷・製本　モリモト印刷




ISBN978-4-86663-100-4

きずな出版